Dietmar Bittrich
Stefan Stutz

Griechify
your life

Kostenlos das Leben genießen

W0076152

Rowohlt Taschenbuch Verlag

Originalausgabe

Veröffentlicht im Rowohlt Taschenbuch Verlag,

Reinbek bei Hamburg, Oktober 2011

Copyright © 2011 by Rowohlt Verlag GmbH,

Reinbek bei Hamburg

Umschlaggestaltung ZERO Werbeagentur, München

(Illustration: Stefan Stutz)

Innengestaltung Daniel Sauthoff

Satz FF Eureka Sans PostScript (PageOne) bei

Dörlemann Satz, Lemförde

Druck und Bindung CPI – Clausen & Bosse, Leck

Printed in Germany

ISBN 978 3 499 62973 0

Griechify

Griechify

Griechify

Big Fat Greek Living

Dieses Buch ist ein Liebesbekenntnis. Es handelt von der Liebe zu allem Griechischen. Es ist ein Bekenntnis zur Lebenslust. Denn genau das verkörpert Griechenland. Dieses Land ist unermesslich wohltuend für Europa. Es hat sich nicht der Arbeit verschrieben, sondern der Daseinsfreude. Nicht der Pflichterfüllung, sondern dem Genuss. Wie nachahmenswert ist das gerade für uns Deutsche!

Viel ist in letzter Zeit gemäkelt, gemosert, gekrittelt worden. Man vermisse den griechischen Beitrag, das Engagement. Was Griechenland denn beisteuere zur Europäischen Gemeinschaft? Ja, das ist doch offensichtlich: Heitere Sinnesfreude! Die Hingabe ans Vergnügen! Die Fähigkeit, das Leben als Geschenk zu nehmen! Soll dieser Beitrag puren Glücks etwa nicht von den anderen finanziert werden? Aber natürlich! Und zwar zu hundert Prozent!

Und wir persönlich, Sie und ich, die wir auch mehr genießen und weniger arbeiten wollen, wir können kein besseres Vorbild finden als die liebenswerten Bewohner dieses sonnigen Landes. Wie viel können wir von ihnen lernen! Zum Beispiel Soziales: Wie man Beziehungsnetze knüpft und die Zahl seiner Vettern und unterstützungswürdigen Verwandten vermehrt. Oder im Job: Wie man das Lob den anderen überlässt und sich selbst der Entspannung widmet. Wie man Arbeit delegiert, und zwar jede einzelne Fingerkrümmung. Wie man die eigenen Leistungen auf ein Minimum herunterfährt, denjenigen jedoch, die irrtümlich noch etwas tun, den Zeitarbeitern und Praktikanten, aufmunternd zuprostet, wenn es sein muss mit Ouzo. Wie man die sogenannte Meistbegünstigungsklausel in Anspruch nimmt – und natürlich wie man es schafft, Rente ab dreißig zu beziehen.

Wie das zu erlernen ist? Durch entspanntes Blättern in diesem Buch. Der Entschluss zu seiner Entstehung reifte im Mai dieses Jahres am Strand von Santorin. Dort sah ich Urlauber und Einheimische einen Mann umringen, der Figuren und heitere Szenen in den Sand zeichnete. Die Leute lachten, sie riefen Freunde herbei, fotografierten, einige spendeten sogar. Der Mann im Sand karikierte Papandreou und weitere Helden einschließlich einiger Anwesender.

Als ich merkte, dass er ein wenig Deutsch verstand, kamen wir ins Gespräch. Er hieß Stefanos Stutzikles. Bald stellte sich heraus, dass wir manches gemeinsam hatten: Seine Großmutter stammte von Naxos; meine von Karpathos. Beide waren wir schon mal mit einer Fähre untergegangen; er vor Paros, ich vor Serifos. Für Griechen gehört so etwas zum Alltag, für einen Ausländer bleibt es ein besonderes Erlebnis. Nun waren wir unabhängig voneinander nach Santorin gekommen, um eine für Reporter arrangierte Tauchfahrt mitzumachen: zu einem der berühmtesten Wracks der Ägäis, zur «Sea Diamond». In grüner Tiefe, im Licht unterwassertauglicher Scheinwerfer, erspähten wir den weißen Bug des Kreuzfahrtriesen am Hang eines unterseeischen Gebirges. Damals beschlossen wir, dieses Buch zu machen. Denn die Havarie dieses Schiffes ist typisch für die Lebensfreude der Griechen. Für die Bergung des Wracks klagten die Bürger von Santorin erfolgreich Finanzen ein. Die Reederei überwies fünfzig Millionen Euro. Dieses Geld fand sogleich Verwendung: bei Familienfesten und zur Verbesserung privater Fuhrparks, zur Verfeinerung von Wohnungseinrichtungen, zur Versorgung Verwandter, zum Feiern und ganz allgemein zum Glücklichsein. Als es aufgebraucht war, mahnten die Einheimischen die Europäische Union zur Unterstützung, das Wrack sei schließlich nicht ungefährlich! Und tatsächlich, weiteres Geld floss herein und fließt noch immer.

Können wir uns etwas aneignen von diesem unbeschwerten Anzapfen fremder Ressourcen? Aber ganz bestimmt! Wenn Ämter und eitle Europakommissare unbedingt zahlen wollen, darf man nicht widersprechen. Unendliche Gelder stehen zur Verfügung bei Regierungen, Konzernen, Behörden, Firmen. Gelder, die einem Naturgesetz entsprechend dorthin fließen, wo das Glück wohnt. Ab jetzt zu uns. Wir brauchen bei den Griechen nur ein wenig abzuschauen, zum Beispiel, wie man Investitionen auf das eigene Konto umlenkt.

Oder wie man entspannende Pöstchen in Beratung, Gutachten, Forschung bekommt. Wie man das Gesetz der Produktivität aushebelt, und zwar ökologisch nachhaltig. Wie man von Zielen und Visionen redet und dafür tief und erholsam durchschläft. Wie man sich aus allem raushält, nur nicht aus der Pause. Wie man lange bürokratische Wege durch kleine Aufmerksamkeiten entscheidend abkürzt. Wie man charmant Verantwortung abschiebt. Und noch so vieles mehr!

Begraben wir den Neid und folgen wir unseren Freunden aus dem Süden! Begreifen wir, was die alten Weisen von Siffokles bis Pädophilokles bereits gelehrt haben: Ums Leben geht es, nicht ums Arbeiten. Nicht darum, sich zu verschleißen für ein Glück in vager Zukunft. Sondern darum, ohne den mindesten Verschleiß sofort und hier glücklich zu sein. Kostenlos genießen – das ist es, was allen zusteht, die ihr Leben griechifizieren. Fangen wir gleich damit an!

Dietmarios Bittriklos

*Auch der beste Computer leidet, wenn daran gearbeitet wird;
vom Menschen ganz zu schweigen.*

SIFIS MATHIOPOULOS, STAATLICHER BEAUFTRAGTER FÜR
DIE SICHERHEIT AM ARBEITSPLATZ

Griechify
your Bildschirm

Vetternwirtschaft in die Social Networks verlagern

Schonen! Computer schonen, Körper schonen, Geist schonen. Eine vergleichende Studie zur Bildschirmarbeit überraschte im April 2011 die «Europäische Stiftung zur Verbesserung der Lebens- und Arbeitsbedingungen». Erste Überraschung: Das griechische Wort Ergonomie (ergon – Arbeit, nomos – Regel) ist im Land seiner Herkunft unbekannt. Zweite Überraschung: Bei griechischen Büroangestellten finden sich europaweit die geringsten Belastungen durch Bildschirmarbeit! Maushand, Sehnenscheidenentzündung, Karpaltunnelsyndrom und all die Symptome an Nacken, Schultern, Augen, die in Mitteleuropa als «Repetitive Strain Injury Syndrom» bekannt sind, tauchen in Hellas kaum oder gar nicht auf. «Von allen Europäern gehen die Griechen am besten mit ihren Computerarbeitsplätzen um», folgert der heimische Experte Sifis Mathiopoulos. Zugleich jedoch verzeichnet das Land eine vielbeachtete Aktivität: Bildschirmschoner laufen hier am längsten und am häufigsten, in Regierungsbüros gewöhnlich den ganzen Tag über. Der Sicherheitsexperte: «Im Schonen sind wir Griechen Spitze.» Und wir bald auch! Wo nicht pausenlos Bildschirmschoner laufen können, rät der Forscher dazu, mehrere Chatfenster zu öffnen, um Aktivität vorzutäuschen. «Abonnieren Sie außerdem Feeds und Tweets, studieren Sie die Bewegungen der griechischen Fußballnationalmannschaft, verlagern Sie Ihre Vetternwirtschaft ins Netzwerk und loggen Sie sich im Hängematten-Modus bei Social Games ein.»

13

Wer andere warten lässt, gibt ihnen Gelegenheit, ganz zu sich selbst zu finden.

ANTONIS MAVROS, GESCHWINDIGKEITSFORSCHER

Griechify
your Verab- redungen

Zeitmanagement zum Wohle aller

GRIECHIFY- TIPP:

Zur Entschleunigung beitragen. Eine europaweite Studie kam im Frühjahr 2011 zu einem positiven Ergebnis für Griechenland. Hier wird den Menschen am meisten Gelegenheit gegeben, ganz zu sich selbst zu finden. Während in Resteuropa, vor allem in den mittleren und nördlichen Ländern, den Menschen per «Zeitmanagement» noch die letzte Muße genommen wird, gewährt man ihnen in Griechenland die ursprüngliche Freiheit. Hier muss niemand zum Zug eilen, er kommt ohnehin nicht. Die Fähre legt später ab oder ist bereits gesunken. Die U-Bahn steht. Und wer unbedingt ein Flugzeug bekommen will, setzt sich einfach ins Auto und fährt persönlich zum Zielflughafen. Er sieht dann auch mehr. «Entschleunigung ist bei uns keine hohle Phrase», erklärt Antonis Mavros, um dessen Lehrstuhl in Santorini putzige Spinnen ihre Netze weben. «Bei uns lieben die Menschen lange Schlangen auf Ämtern und Behörden. Sie lernen neue Gesichter kennen, können sich austauschen und geben kleinen Tieren Gelegenheit, sich der Brutpflege hinzugeben.» In Mitteleuropa sei es ein fragwürdiges Zeichen von Wichtigkeit, andere warten zu lassen; in Griechenland eine höfliche Geste. «Demjenigen, mit dem wir verabredet sind, gewähren wir Wartezeit, damit er die Zeitlosigkeit des inneren Friedens genießt.» Danke. Hat geklappt.

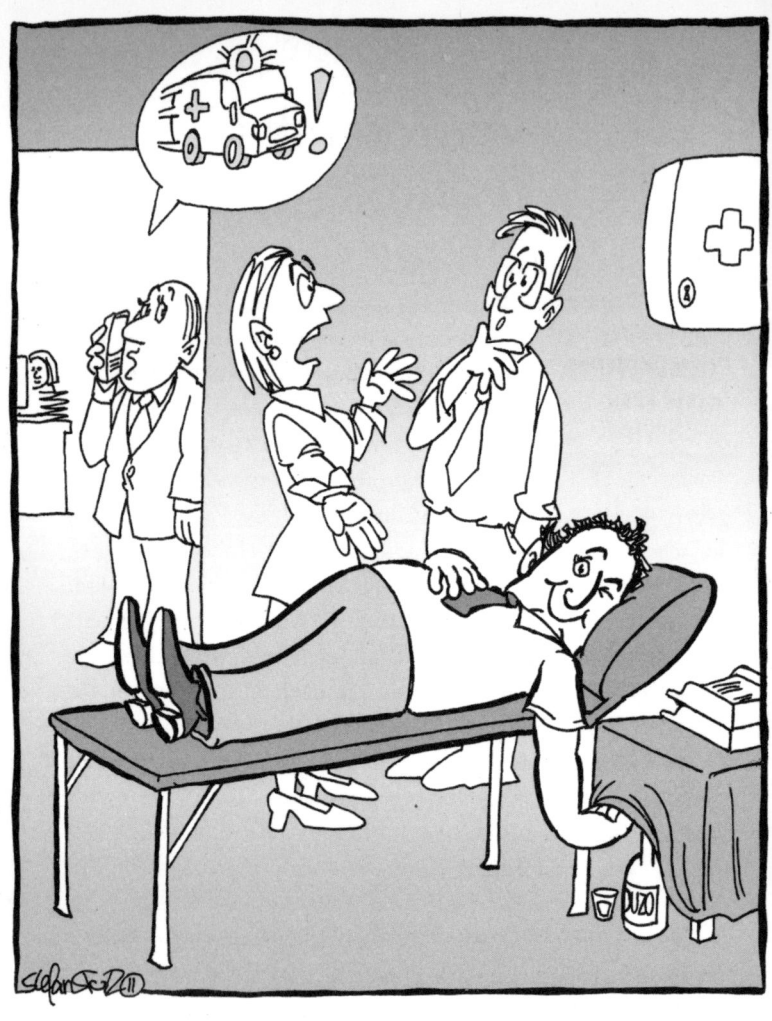

Unter dieser Sonne kann niemand lange tätig sein! Dieses Klima, große Götter, habt ihr zur Muße nur geschaffen.

ANAKREON, GRIECHISCHER LYRIKER

Griechify
your Klimawandel

Globale Erwärmung in
Pausen ummünzen

~~~~~~

Griechisches Klima importieren. Seit der griechische Bärenspinner, ein Schmetterling, frei flatternd im Erzgebirge angetroffen wurde, seit die Smaragdeidechse es ins Allgäu geschafft hat, seit Salamanderarten, die Stachelmaus und griechischen Hornottern ins Rheintal eingewandert sind, muss auch dem eingeregnetsten norddeutschen Sommeropfer klar sein: Es wird wärmer. «Es wird sogar richtig griechisch», frohlockt der nach Köln ausgewanderte Meteorologe Jorgi Sotiropoulos. Dann fehlen eigentlich nur noch Riesenwespen, Skorpione, Aspisvipern, Sandflöhe und Hakenwürmer, und wir haben Griechenland komplett bei uns. Der Vorteil: Das häufigste Erlebnis deutscher Griechenland-Touristen kann jetzt ohne Flug und Hotelkosten komplett zu Hause genossen werden – der Kreislaufkollaps. Stiche in der Herzgegend, kleine Ohnmachten, Krampfanfälle und Durchblutungsstörungen gehörten bislang zu den bevorzugten Reisekrankheiten auf der Balkanhalbinsel. Sie werden dort von Touristen häufiger erlebt als in jedem anderen Land Europas. Doch von jetzt an ist die Reise nicht mehr nötig. Stattdessen darf die telefonische Entschuldigung beim Arbeitgeber lauten: «Es liegt am Klimawandel, genau denselben Schwächeanfall hatte mein Mann vor zwei Jahren auf Rhodos! Jetzt sind wir auch hier so weit. Es ist wirklich schlimm!» Der Arbeitgeber wird seufzen, kann aber im Gegenzug von der EU Gelder für klimatisch benachteiligte Regionen verlangen.

*Jeder Hellene hat das Recht auf unbelästigte frohe Fahrt
in der Eisenbahn.*

NEKTARIOS KRATOS, FRÜHPENSIONÄR DER
GRIECHISCHEN EISENBAHNEN

Griechify
your Bahnfahrt

Mitreisende wirksam abschrecken

GRIECHIFY-TIPP:

Unbelästigt fahren, Tsatsiki einsetzen. Die Spezialität ist zwar von der Europäischen Kommission für Ernährungssicherheit als «bedenklich» eingestuft worden, weil ihr Aroma «gesundheitlich zuträgliche Grenzwerte» überschreitet. Doch gerade deshalb eignet sie sich auf langen Fahrten zum Erobern komfortablen Freiraums und unbehinderter Sicht aus allen Fenstern. Tsatsiki wird zubereitet aus Knoblauchscheiben, übergrüntem Joghurt, Knoblauchwürfeln, Griechengurken (Αγγούρι), gehacktem Knoblauch, mineralischem Öl und geriebenem Knoblauch. Es ist überall erhältlich, wo EU-Gesundheitsdetektive noch nicht waren oder nicht mehr lebend wieder herausgekommen sind. Tipp: Tsatsiki vor Beginn einer Eisenbahnreise in Plastiktöpfchen abfüllen. Bei Fahrtantritt die Töpfchen öffnen und auf Klapptischen und Nebensitzen dekorativ verteilen. Mehr ist nicht nötig. EU-Verkehrskommissar Siim Kallas: «Benachbarte Sitze und Bankreihen bleiben unbesetzt, meist wird das gesamte Abteil nicht mehr benutzt, oft sogar nie mehr.»

Ein Schiff wird kommen
NANA MOUSKOURI

Sirtaki Tsatsiki
MIKIS THEODORAKIS

Theo, wir fahren nach Lodz!
VICKY LEANDROS

Griechify
your Party

Mit der Bouzouki Wohnraum schaffen

Jede Gastfreundschaft hat mal ein Ende. Die Griechen sind Meister in der Kunst, Gäste zum Verlassen des Hauses zu nötigen. Sie legen zu diesem Zweck einen Mprábos (μπράβος) auf, einen Rausschmeißer. Was in Hellas auch die hartnäckigsten Gäste in die Flucht schlägt, funktioniert in ganz Europa: die sogenannte panhellenistische Musik (*pan* – «Entsetzen auslösend»). Das ist Musik mit griechischer Beteiligung, die so laut aufgedreht wird, dass sie auch unverwüstliche Liebhaber des Griechischen in Depressionen stürzt. Im vergangenen Jahr wählten die Hörer des Athener Arion Radio dazu alle Werke mit Beteiligung einer Bouzouki (traditionelle Laute), sämtliche Lieder von Mikis Theodorakis, die Stimme von Maria Farantouri, die Brille von Nana Mouskouri und den als extrem gefährlich eingestuften Brüller «Theo, wir fahren nach Lodz» in der originalen Betäubungsversion von Vicky Leandros (Βίχυ Λέανδρος). Tipp des Musiksoziologen Vassilis Moras: «Bei häufigem Abspielen ziehen auch die Nachbarn aus! Die vielen leerstehenden Häuschen in besten griechischen Insellagen sind so entstanden.»

Nur wer griechische Ahnen hat, hat das Recht und die Fähigkeit zu vollem Lebensgenuss.

ELEFTHERIOS VENIZELOS, KULTURPOLITIKER

Griechify
your Stammbaum

Vorfahren zur Gehaltserhöhung nutzen

Griechische Köpfe im Web suchen und als Ahnen in den eigenen Lebenslauf kopieren. Hier am besten der in Hellas bewährten Praxis folgen. Also bei google (γοογλε) die Bildersuche aufrufen, dort «griechische Sänger», «griechische Dichter» und «griechische Politiker» eingeben und mit den Bildern in einer individuellen Mischung ein leeres Stammbaumformular füllen (findet man im Internet). Beliebige griechische Namen daruntersetzen. Von der Urgroßelterngeneration an sollten einige Namen allmählich dem eigenen Familiennamen ähneln (aus Μέιεροπολοσ wird Μέιεροσ und schließlich Meier). Fertig. Gleich der erste Praxistest überzeugt. Auf Anfrage – etwa bei der Arbeit: «Warum sitzen Sie hier immer nur rum und tun nichts?» – lässig den griechifizierten Stammbaum vorzeigen: «Ich habe griechisches Blut, Chef.» Der Vorgesetzte ist hoffentlich Deutscher, denkt also im europäischen Zusammenhang und fördert die Integration. Das garantiert sein Verständnis: «Griechisches Blut, alle Achtung! Dann relaxen (ρελαξεν) Sie weiter so!» Im Allgemeinen folgt häufig eine Gehaltserhöhung, oft verbunden mit einem sogenannten Rettungsschirm. Der bürgt für die Frühpensionierung, die Übernahme aller Schulden (vor allem der zukünftigen) und die unbegrenzte Zahlung von Renten an Vettern, Ledige und Verstorbene.

In keinem Land der Welt ist der Kunde König. Es gibt europäische Länder, die vortäuschen, bei ihnen sei es so. Kein Grieche wird derartig heuchlerisch sein.

LAZAROS NINIS, ANTHROPOLOGE

Griechify
your Kundendienst
Warten lassen und genießen

GRIECHIFY-TIPP:

Alle, die etwas wollen, sind Kunden. Eltern sind Kunden, Kinder sind Kunden, Ehegefährten, Liebhaber und Freunde. Sie wollen etwas. Wer etwas will, muss warten. Und zahlen. «Andere warten zu lassen», sprach der antike Superstar Alkibiades, «steigert den eigenen Wert.» Diese Kunst will allerdings gelernt sein. In Deutschland bemüht man sich darum unter Namen wie «Service» oder «Hotline». Die wichtigsten Mittel sind Versprechen, Hinhalten, Anfragen ins Leere laufen lassen, Vertrösten, Preise höher stufen und zurück auf Eins (Ρήπλαυ). Griechische Dienstleister haben noch den Mythos auf ihrer Seite. Niemand versteht es wie sie, Benutzeranleitungen so effizient zu mythologisieren. Schon Shakespeare ließ seinen Julius Cäsar stöhnen: «It's all Greek to me.» Früher fälschlich übersetzt mit: «Das ist alles Chinesisch für mich.» Eigentlich aber: «Das ist alles Griechisch für mich.» Doch selbst die Griechen kapieren die eigenen Anleitungen nicht. In Bau und Gewerbe stört das nicht, es gibt ohnehin keine Werkzeuge. «Die wurden vor Jahrhunderten von den Türken ausgeliehen.» Doch wer lange genug betet, also dem Servicepersonal gefütterte Umschläge zuschiebt, bekommt zuweilen etwas überbracht, das auf Griechisch «Geschenk des Himmels» heißt, auf Deutsch einfach «Schraubenzieher».

Mit euren Euroscheinen könnt ihr mir den Hintern abwischen.
SPIROS MAKRIS, MILLIARDÄR

Griechify
your Spielespaß
Verhältnis zum Geld nachhaltig lockern

GRIECHIFY-TIPP:

Nur den eigenen Hintern abwischen und allenfalls softes Klopapier mit Geldaufdruck verwenden. Echte Euroscheine eignen sich nur für die toughen Top Hundred der Greek Rich List. Die bekommen das Klopapier aus Brüssel überwiesen. Die klügsten griechischen Milliardärsfamilien – Panagopoulos, Latsis, Vardinogiannis, Onassis, Niarchos – leben allerdings längst im Ausland. Euromünzen mit griechischen Kühen und Vögeln drauf und Scheine mit dem Aufdruck «EYPO» rühren ihr Herz. «Wir Griechen sind warmherzig und poetisch», gestand Aristoteles Onassis. Für die Wehmut reicht oft schon ein einziger Schein im Bilderrahmen. Was aber tun mit all den Haufen, die da aus der Eurozentrale eintrudeln? Onassis: «Von einem bestimmten Punkt an wird Geld bedeutungslos. Es hört auf, das Ziel zu sein. Es ist das Spiel, das zählt.» Darin steckt mehr Weisheit, als der biedere Mitteleuropäer sich träumen lässt. Als kürzlich aus Athen berichtet wurde, reiche Familien spielten mit echten Euroscheinen Monopoly, ließen Katzen Fünfhunderter-Noten kleinkauen und verwandelten echte Scheine zu Klopapier, da gab es in eingen Ländern kleinkrämerische Aufregung. «Wir sollten den tiefen Realitätssinn solcher Spiele erkennen», lehrt Experte Spiros Makris. «Selbst die höchsten Euronoten sind in ihrer Essenz nur, was alle Scheine sind: Papier.» Ach ja, richtig. Danke.

Das deutsche Wort Sparschwein habe ich jahrelang mit Spanferkel übersetzt, bis Joschka Fischer mich auf die fremde Bedeutung aufmerksam machte. Ich musste ihm sagen: Sparschwein lässt sich nicht ins Griechische übersetzen, so etwas haben wir nicht. Ich bin bei Spanferkel geblieben.

MARIA KARAGOUNIS, SIMULTANDOLMETSCHERIN
BEIM EU-PARLAMENT

Griechify
your Sparschwein
Mit Schuldgefühlen abkassieren

Pragmatisch sein. Nicht so genau nachfragen. Entspannen. Genießen. Geld nicht unnütz beiseitelegen und schon gar nicht in Schlitze stecken, aus denen nicht sofort ein Gegenwert herausspringt. Euros rasch ausgeben, denn sie verlieren schnell an Wert. «Für den Letzten bleiben die Borsten», heißt ein altes Sprichwort von der Insel Kreta. Es bezieht sich auf Grillfeste und auf Leute, die nicht schnallen, worum es im Leben geht. Der Bürgermeister der kretischen Party-Hochburg Chersonissos scherzt: «Die Borsten heben wir immer für die Deutschen auf, die zahlen Millionen dafür. Ich glaube, sie putzen sich damit die Zähne. Wir nennen es Transfer-Union.» Das hört sich ebenfalls eher nach einem Übersetzungsfehler an, trifft aber die Sache. Leider sind viele Deutsche mittlerweile zu synthetischen Borsten übergegangen, wollen selber was essen und mögen ihr Erpartes nicht hergeben. Wie leiert man trotzdem Geld aus ihnen heraus? «Man erinnert sie an die Nazi-Zeit und vergleicht sie mit Hitler», rät Giannis Kapsis, Mitglied der sozialistischen Regierungspartei Pasok. Kapsis hat das so gemacht. Wir, die wir möglicherweise selbst Deutsche sind, müssen notfalls andere Wege finden. Die Richtung ist klar: Wer jemandem Schuldgefühle einimpfen kann, kommt leichter ans Geld, leichter ans Ferkel und braucht nicht zu sparen. Versuchen wir's!

Eine Vision ohne Aktion bleibt zum Glück nichts weiter als eine herrliche Halluzination.

Ioannis Galatis, Unternehmensberater

Griechify
your Visionen

*Von Zielen und Visionen reden und
richtig tief durchschlafen*

**GRIECHIFY-
TIPP:**

Erfolg heißt Visionen lieben und ihre Umsetzung möglichst vermeiden. In Mitteleuropa drängen Personaltrainer die Angestellten leider nicht nur zum Entwickeln von Visionen, sondern auch zur Umsetzung im Arbeitsalltag. «Ein tragischer Fehler», bedauert Ioannis Galatis, ein beliebter Berater in Thessaloniki. «Maßgeblich ist immer die Vorstellung, inspirierend nur die Idee! Sie allein bringt Energie und erfrischt Körper und Geist. Konkrete Maßnahmen törnen ab, bereiten Mühe, stören die Entspannung. Schon Platon pries nur das Reich der Ideen.» Der Erfolgstrainer hat recht. Platon hielt das Verweilen im Reich der Ideen für das Reinste und Höchste. Ob es ihm selbst gelang, ist nicht überliefert. «Unbezweifelbar ist jedoch, dass Galatis in den letzten Jahren einige Dutzend Firmen erfolgreich in die Pleite begleitet hat – erfolgreich deshalb, weil die Pleite im europäischen Kontext gesehen und finanziert wurde.» Genau da macht Galatis eine Einschränkung: «Wenn der europäische Rettungsschirm eine Idee geblieben wäre, hätte ich jetzt ein paar Millionen weniger; und wenn ich meine Vision, die Millionen ins Ausland zu verschieben, nicht sofort umgesetzt hätte, wäre ich schön blöd.» Das heißt: Wir müssen von Fall zu Fall unterscheiden. «Wenn es darum geht zu kassieren, werden Sie tätig. In allen anderen Fällen schauen Sie sich in aller Ruhe an, wie die Welt kreist und dabei für Sie was abwirft.»

Bummelstreik ist bei uns keine Art des Protestes.
Es ist unsere Lebensform.

ALKMÍNI ARVANITAKI, GEWERKSCHAFTERIN

Griechify
your Counterstrike
Innere Kündigung spaßorientiert ausbauen

GRIECHIFY-TIPP:

Die innere Kündigung gleich nach der Einstellung beginnen lassen! In Deutschland wagen Mitarbeiter oft erst nach Jahren, sich von der Firma zu distanzieren und die Leistung herunterzufahren. Schade um die verlorene Zeit! Wer das Leben auf griechische Weise genießen will, beginnt sofort nach Ablauf der Probezeit mit der Reduktion von Aktivität und Anwesenheit. Die wichtigsten Schritte: Ineffizienz als höchstes Firmenziel erkennen, Fehlerquote erhöhen, Produktqualität mindern, Kunden vertrösten, Engagierte zu Krankmeldungen bewegen. In Griechenland heißt das: Counterstrike. Also: Wir streiken zurück. Denn die Firmenleitung tut sowieso nichts. Der griechische Counterstrike ist spaßorientierter als die innere Kündigung. Er beinhaltet Beklage-Wettstreit, Sorgenfalten-Messen, Arme-Verschränk-Yoga, Hüftgold-Schwenken, Forderungs-Urschrei-Therapie, Feierbiest-Marathon und die Teilnahme am Wettbewerb «Die schönsten Gewerkschaftsclubs». Bei gutem Wetter finanziert die EU in Griechenland sowohl Punktstreiks als auch Schwerpunktstreiks sowie Abwehrstreiks, Warnstreiks, Proteststreiks, Solidaritätsstreiks und Sympathiestreiks, an windigen Tagen sogar wilde Streiks, bei angenehmer Temperatur eher Sitzstreiks und Straßenblockaden. Bei Regen ist ohnehin Generalstreik. Da die EU seit Maastricht verpflichtet ist, die Taxifahrten griechischer Streikwilliger zu bezahlen, kommt es leider oft zu Staus. Der nordischen Wetter- und Verkehrslage entspricht eher der innere Counterstrike.

Die Uhr ist keine griechische Erfindung und wird hier niemals heimisch werden.

OLYMPIA COSMÓPOULOS, ARBEITSMEDIZINERIN

Griechify
your Arbeitstag
Arbeitsanfällen gezielt vorbeugen

GRIECHIFY-TIPP:

Bereits beim Frühstück, also wenn die Sonne mittlere Höhe erreicht hat, innerlich von etwas verabschieden, was noch nicht begonnen hat und nie beginnen sollte: vom Arbeitstag. Wenn während des Tages Impulse zum Arbeiten aufsteigen, diese Impulse lächelnd betrachten und vorbeiziehen lassen wie Wolken. «Bereits kurze Arbeitsanfälle können unsere muskuläre Relaxation beeinträchtigen und schlafende Gehirnareale aktivieren», warnt Expertin Olympia Cosmópoulos, beruhigt jedoch: «Je öfter wir derartige Anwandlungen unbeachtet vorübergehen lassen, desto seltener tauchen sie auf.» Beim Sinken der Sonne den Tag dankbar Revue passieren lassen. Zum Amüsieren am besten eine Sendung über den Arbeitsalltag in Nordeuropa sehen – aber Vorsicht, wenige Minuten reichen, sonst könnte der Nachtschlaf gestört werden.

Nichts führt schneller ins Unglück als die Neigung, Wesentliches von Unwesentlichem zu unterscheiden. Das können allein die Götter. Beim Menschen führt jeder Versuch in die Irre.

BIAS VON PRIENE, PHILOSOPH

Griechify
your Prioritäten

Erst Ausruhen, dann Pause, dann Grillen

GRIECHIFY-TIPP:

Irrtümer ausschließen, also keine Kraft darauf verschwenden, Wesentliches von Unwesentlichem zu unterscheiden. Das funktioniert ohnehin nicht. Keine Prioritäten setzen, gleichberechtigt denken! Der anerkannte piräische Soziologe Dimosthenis Panagiotidis: «In Mitteleuropa herrscht oft noch das alte hierarchische Denken, das Aufgaben nach Dringlichkeit und Wichtigkeit übereinander einstuft. Wir Griechen denken demokratisch und egalitär.» Und wir kleinen Dummerchen ab jetzt ebenfalls! Panagiotidis: «Alles, was angeblich dringend erledigt werden sollte, erledigt sich mit der Zeit ganz von selbst.» Der Experte hat den Durchblick. Nach Forschungen griechischer Sozialpsychologen führt die Einstufung einer Aufgabe als «wesentlich» oder «dringlich» zu negativen hormonellen Reaktionen. Positive hormonelle Reaktionen gibt es nur, wenn Aufgaben – und zwar alle – als «weniger wichtig» und «unwesentlich» eingeschätzt werden. Auf diese Weise wird Hektik vermieden und etwas viel Wichtigeres geschaffen: Zeit und Freiheit, in Kombination mit den hormonellen Reaktionen sogar oft noch Liebe. Der Forscher: «Können Sie mir eine größere Priorität nennen?» Nö, können wir nicht.

Sie finden in Athen keine hundert Autos, die eine deutsche
Tauglichkeitsprüfung bestehen würden. Na und? Wir können
fahren. Wir können hupen. Der Auspuff geht. Wir sind glücklich.
Und der deutsche TÜV? Ist schlecht gelaunt, verbreitet
Depressionen, kostet Geld. Kommen Sie zu uns!

PANAGIOTIS LIMPEROPOULOS, STELLVERTRETENDER VOR-
SITZENDER DES GRIECHISCHEN AUTOMOBILVERBANDES

Griechify
your Auto
Technische Überwachung
selbst durchführen

**GRIECHIFY-
TIPP:**

Hupen. Das ist das Erste und Wichtigste, was ein griechischer Fahrschüler lernt und, nach Auskunft der griechischen Altenwohlfahrt, das Letzte, was er verlernt. Eine vergleichende Studie über die sozialen Bedingungen alter Menschen in Europa förderte als Randbeobachtung zutage, dass demente Menschen in griechischen Altersheimen häufig Hupgeräusche nachahmen – wenn sie im Rollstuhl sitzen, wenn sie im Krankenbett durch die Gänge geschoben werden, aber auch beim stillen Sitzen vor dem Kaffeetisch oder dem Fernseher. «Sie wollen sich Platz verschaffen», mutmaßte ein Altersforscher, «und sie wollen den Kalk aus den Gesäßen pusten.» Denn zu griechischen Erkenntnissen gehört es, dass wiederholtes kräftiges Hupen per Vibration den Rost von den tragenden Teilen entfernt, die Bremsen erfrischt und schmutzabweisend wirkt. «Wir brauchen wirklich keinen TÜV», beteuert der Experte Limperopoulos. Feindliche Verkehrsteilnehmer reagieren übrigens nicht auf das Hupen; sie sind selbst damit beschäftigt. Und Fußgänger hören es gar nicht mehr, zumal die ungefilterten Abgase ihre Sinne umfassend lahmlegen. Ein besonderer Tipp aus den Großstädten: Parkplätze selbst malen, weiße Spraydose genügt, beim Wegfahren durch Fackeln kennzeichnen. Das mittlerweile berühmte Schild «Hier werden fremde Autos abgefackelt» wird übrigens nur von Nicht-Einheimischen ernst genommen. Einheimische verbrennen es einfach.

*Europäische Kontinenz oder Inkontinenz interessieren uns nicht.
Wir haben den peloponnesischen Beckenboden und die Sonne.*
THEMISTOKLIS DEDES, WELLNESS-GURU

Griechify
your Yoga

Nachhaltige Fitness leichtgemacht

**GRIECHIFY-
TIPP:**

Räkeln reicht. Es war im Spätsommer 2011, als die EU-Gesundheitskommission auf ihrer Ägäis-Rundreise einen verblüffenden Umstand bemerkte: Die europäisch geförderten Gesundheitsprogramme sind in Griechenland so gut wie unbekannt. Yoga, Tai-Chi, Qigong, Stretching, Pilates, Rückentraining haben es nie über die Grenze geschafft. Alles, was Brüssel zu Vorbeugung, Regeneration und Immunstärkung finanziert hat, ist bei der Bevölkerung niemals angekommen. Zwar gibt es geschätzte neuntausend Lehrer, die aus den europäischen Gesundheitstöpfen finanziert werden, doch ihren Unterricht sucht niemand auf. Offenbar weiß auch niemand, dass es ihn gibt. In den meisten Fällen wissen die Wellness-Lehrer selbst nicht, wofür sie das Gehalt erhalten; häufig haben sie die Stellung als Yoga-Lehrer und Rückentrainer geerbt oder zum Geburtstag bekommen. Und das, zeigen griechische Studien, ist auch gut so. «Das Geld können wir gebrauchen, den Rest nicht», erklärt Wellness-Chefarzt Themistoklis Dedes. «Wir kennen hier seit zweitausend Jahren genau zwei Körperübungen, die Sie meinetwegen Yoga- oder Tai-Chi-Übungen nennen können, sie heißen: ‹die Katze› und ‹der Hund›. Sie werden in der Sonne ausgeübt, bei Regen auf dem Sofa.»

Wir sind die Gründer Europas – und zugleich seine ewig jüngsten Bürger. Es ist unsere Art, auf spielerische Weise kindlich zu bleiben. Europa benötigt unsere Lebensfreude. Dass wir sie seit dreitausend Jahren aufrechterhalten, das ist unser Beitrag.

Melina Mercouri, ehemalige Kulturministerin

Griechify
your Sponsoring

*Wie man sein Nichtstun als
höchstes Gut verkauft*

**GRIECHIFY-
TIPP:**

Lebensfreude sponsern lassen. Frau Mercouri hat recht. Das nordeuropäische Bemühen um Lebenssicherung vernachlässigt den eigentlichen Sinn: die Lebensfreude. «Es geht im Leben um gar nichts», erklärte Frau Mercouri, «außer sich am Leben zu freuen.» Wer wollte das leugnen? Dass diese Freude irgendwie finanziert wird, darauf konnte sich bereits MM verlassen, als sie den Beitritt zur Europäischen Union vorantrieb. Es sei an der Zeit, dass die Europäer sich für Griechenlands dreitausendjähriges Dasein erkenntlich zeigten. Frau Mercouri zitierte einen Lebensbotschafter, der die Finanzierung ebenfalls für vernachlässigbar hielt: Jesus. Seine Worte «Sehet die Vögel unter dem Himmel; sie säen nicht, sie ernten nicht, sie sammeln nicht in die Scheunen, und der himmlische Vater ernährt sie doch. Schaut die Lilien auf dem Feld, sie arbeiten nicht, sie spinnen nicht und werden doch herrlich gekleidet» – diese Worte sind nach Auskunft der Holy Bible Society die meistzitierten Jesus-Worte in Griechenland zusammen mit «Werdet wie die Kinder». Mit diesen Sätzen stieß hier bereits Urmissionar Paulus vor zweitausend Jahren auf weitgeöffnete Ohren. Graue Finanzdienstleister wie wir können davon nur lernen: Das Geld strömt ganz von selbst zur Lebensfreude! Lassen wir unsere Freude ebenfalls sponsern! Stille Reserven, auch das ist nachahmenswert, rechtzeitig in kindlicher Unschuld beiseiteschaffen!

Wer sein Haus kalkt, braucht es nicht weiter sauber zu halten.

Anna Salpingidis, Tourismusbeauftragte der Kykladen

Griechify
your Putzfimmel
Ganzheitlich verkalken

**GRIECHIFY-
TIPP:**

Schwiegermutter uneingeweiht lassen. Eigentlich sei es schon hell genug in Griechenland, wunderte sich der Reiseschriftsteller Erhart Kästner vor sechzig Jahren, gleichwohl liebten die Griechen Kalk. Das trifft heute noch mehr zu als damals. Griechenland ist europäischer Topverbraucher des Verschönerungsmittels. Kalk eignet sich für Hauswände außen wie innen. Er ersetzt die raren Besen und die schwer erhältlichen Eimer und Schrubber und hält Spinnen, Skorpione und schmutzende Milben fern. Hausstauballergien sind selten in Griechenland, Kalkallergien dafür umso verbreiteter. Verwendet wird ungelöschter Kalk, also gebrannter Kalkstein, der durch Zugabe von Wasser in eine brodelnde Masse verwandelt wird. Diese Masse kann, solange sie frisch ist, auch als Waffe gebraucht werden. Wenn sie absichtsvoll «unsachgemäß» verwendet wird, hat sie mindestens Verätzungen und Verbrennungen zur Folge. Die Beseitigung störender Verwandter und Mitbürger durch die brodelnde Masse wird den Griechen hingegen zu Unrecht angelastet. Tödlich wirkt ungelöschter Kalk so gut wie nie; allerdings lassen sich Leichenteile damit spurlos auflösen. Spurlos jedenfalls für griechische Spurensicherer. Vorrangig aber desinfiziert und vertreibt Kalk Ungeziefer jeder Art und Größe. Die Frage «Ich hoffe, Sie haben keine Kalkallergie?» habe manchen unwillkommenen Besucher aus seinem Haus ferngehalten, erzählte der Nobel-Poet Odysseas Elytis. Gute Idee!

Arbeit und Erfüllung schließen einander aus. Es ist offensichtlich, dass Glückseligkeit sich in der Muße findet.

ARISTOTELES, PHILOSOPH

Griechify
your Umweg
Zeit gewinnen durch geschickte Verkehrsplanung

GRIECHIFY-TIPP:

Langsamkeit entdecken, Verspätungen suchen. Mobilitätsforscher beobachten bei den Griechen eine poetische Eigenschaft: Sie neigen dazu, im Zweifelsfall die längere Strecke zu wählen, den langsameren Zug, den krummen statt den geraden Weg. Griechen kürzen nicht ab, sie fügen noch einen Schnörkel hinzu. Das lohnt sich. Es führt zu lauter unverschuldeten Verspätungen, sogar zu freien Tagen. Die Flüge werden verpasst, die Bahnen versäumt, so winkt unverhoffter Urlaub statt Tagungslangeweile, Cafébesuch statt Konferenzgeschwafel. Handelt es sich um ein intuitives, also nicht nachahmbares Verhalten? Vielleicht. Doch verdächtigerweise ist in Griechenland in den letzten Jahren ein App überdurchschnittlich häufig heruntergeladen worden: Google Alerts. Die Alerts informieren über aktuelle Staus, Baustellen, Umleitungen und die Wege von Demonstrationszügen, Sitzblockierern, Karnevalsparaden. Diese Alerts können wir (für unsere Stadt, nicht für Athen!) ebenfalls herunterladen und wie unsere Vorbilder verwenden. Die Griechen wollen keine Stau-Info, um den Stau zu meiden. Sie wollen sich gemütlich einfügen. Sie wählen nicht den Weg um die Demo, sondern mitten hinein. Sie fahren die Straße, die gesperrt ist und fädeln sich dankbar in die Schlange, die auf der Umleitung zum Stillstand kommt. Was für herrliche Mußestunden winken jenseits der gewohnten Pfade! Gleich mal die Bundesbahn-App für verspätete Züge einrichten!

47

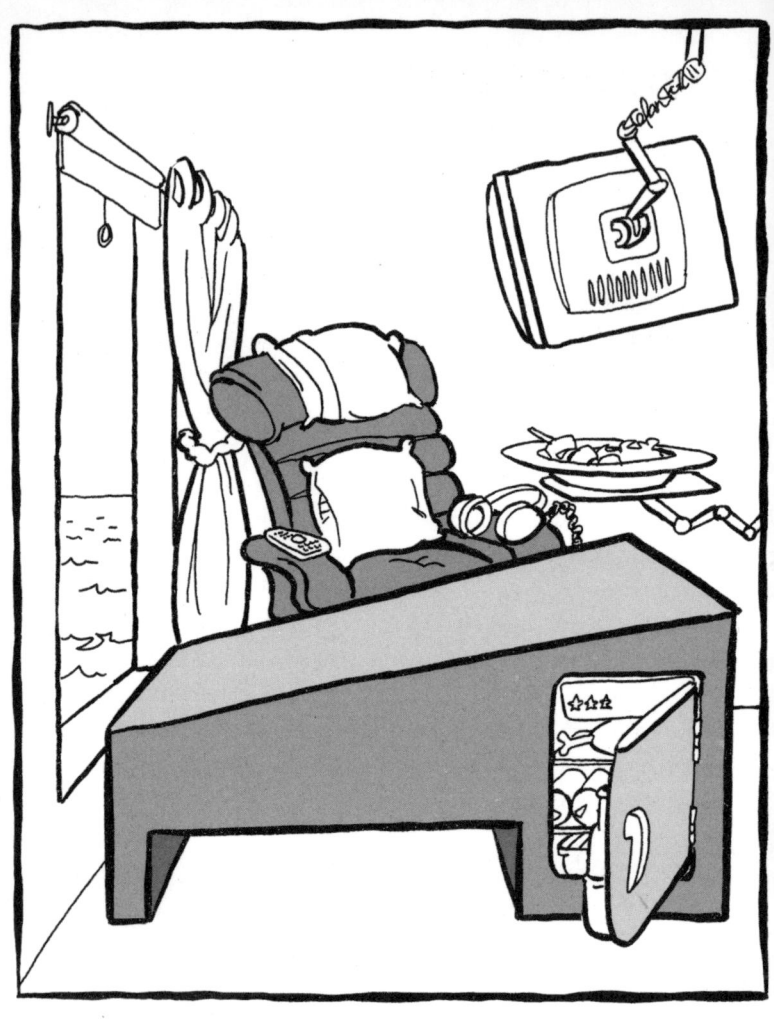

Die Einrichtungen griechischer Designer gehören noch zu den Geheimtipps. Und vielleicht sollten sie tatsächlich geheim bleiben.

Vassilis Loudaros, Möbelhersteller

Griechify
your Design
Arbeitsplatz zur Wellness-Oase machen

**GRIECHIFY-
TIPP:**

Gesundheitsförderndes Design beantragen. Griechisches Design spielt überall eine Rolle, wo es um Glück und Wohlbefinden geht. Dass vieles in Mitteleuropa unbekannt bleibt, ist kein Zufall: Enthemmte Konzerne pressen hier zur Profitmaximierung die letzten Kräfte aus ihren Arbeitssklaven. Nicht in Griechenland. Dort ist ein Arbeitsplatz mit Meeresblick allen Werktätigen garantiert, die im weitesten Sinne für die Europäische Union arbeiten, und das ist die Gesamtheit der Bevölkerung. Miete und Einrichtung werden von Brüssel bezahlt, aber zum Glück nicht entworfen! Hier sind einheimische Designer gefragt. Sie statten jeden Schreibtisch mit einem gut beleuchteten Kühlschrank aus, der auch von der Besucherseite aus erreichbar ist und die überflüssigen Schubladen ersetzt. Eine mechanische Lieferverbindung von der Mikrowelle zum Schreibtisch lässt sich per Fernbedienung steuern. Kopfhörer gegen die Arbeitsgeräusche des Meeres (Rauschen) garantieren einen ungetrübten Genuss aller H D-Sender, besonders der Sportkanäle und der «Du bist aber über 18, ja?»-Specials in 3D. Arbeitsunterlagen werden auf die abgeschrägte Platte gelegt und rutschen mit elegantem Schwung aus dem Fenster, um die bedrohten Fischvorkommen der griechischen Meere zu nähren. Greenpeace-Siegel für nachhaltiges Design!

Wenn du dir die Zähne nicht regelmäßig putzt, wirst du in Griechenland wiedergeboren!

INSCHRIFT AN EINER KINDERTAGESSTÄTTE IN ISTANBUL

Griechify
your Erziehung

Folgende Generationen belasten,
aber nichts verraten

**GRIECHIFY-
TIPP:**

Griechische Elemente sparsam in der Erziehung einsetzen. Seit Unbekannte als Papandreou verkleidet eine Bank in Piräus überfielen, ist der Verkauf der Masken umstritten. Die Angestellten der Bank gaben das Geld freigebig heraus, so als wüssten sie, dass dem greisen Despoten das Geld ausgegangen sei. Dabei soll Georgios Papandreou durch Spekulationen gegen eigene Staatsanleihen privat dreiundzwanzig Milliarden Euro eingestrichen haben – für einige Griechen ein vorbildliches Manöver; für andere ein Missbrauch europäischer Gelder, die sie gern selbst verjubelt hätten. Tatsache ist, dass Papandreou-Masken in Griechenland zunehmend zur Abschreckung in der Kindererziehung dienen. Die Dynastie der Familie P. hat das Land mit kleineren Unterbrechungen seit dem Ende der Militärherrschaft mit viel Geschick ausgebeutet. Dass der jetzige Ministerpräsident nach seinem Tod als bleiches Gruselgespenst Inseln und Gestade heimsucht, gilt beim tiefgläubigen Volk als ausgemacht. Die seit Allerheiligen 2010 verkauften Pappmaché-Masken sollten ursprünglich allein zur Abwehr dieses Untoten dienen. Doch solange der Georgios noch leibhaftig in Athen weilt, werden seine Konterfeis entgegen dem vorgeschriebenen Nutzen zur Einschüchterung in der Kindererziehung eingesetzt. Die Wirkung gilt als nachhaltig und schwer therapierbar. Da der Dargestellte in Deutschland kaum bekannt ist, wird die Maske hier nur an der Börse zur gezielten Auslösung von Kursstürzen verwendet.

Mit derselben Anstrengung, mit der wir die griechischen
Schulden verschleiert, die Zahlen geschönt und die Bilanzen
gefälscht haben, hätte man vermutlich auch den Staat sanieren
können. Es wäre nur nicht so einträglich gewesen.

JEFFREY C., MITARBEITER EINES HILFREICHEN
INVESTMENT-HAUSES

Griechify
your Bilanzen
Statistiken künstlerisch bearbeiten

Beim Fälschen professionelle Hilfe in Anspruch nehmen. «Der Zorn gegen das griechische Finanzgebaren ist verständlich», räumte der Banker Aristeidis Malokinis ein. «Denn dahinter verbirgt sich eine urmenschliche Eigenschaft: Neid. Alle wollen fälschen, aber wir sind die Meister.» Das ist nicht ganz richtig. Ohne die Hilfe der Investment Banker von Goldman Sachs wäre der Schwindel früher aufgeflogen. Goldman gewährte den Griechen eine Art Kredit, einen sogenannten Swap. Im Gegenzug überschrieb Hellas den Goldmännern alle künftigen Einnahmen aus dem Betrieb von Flughäfen, Autobahnen und Lotterien. Gemäß den Buchhaltungsregeln der EU tauchte diese spezielle Verschuldungsform nicht in den Staatsbilanzen auf. Erst später, als alles futsch war. Die Kunst der Griechen bestand nicht in der Fälschung, sondern im Engagement der besten Fälscher. «Fälschung ist eine Form der Kreativität, die», so Meisterkopist Elmyr de Hory, «mehr Genie erfordert als die Schaffung eines Originals, dafür aber auch umso mehr Spaß macht.» Als ehrgeizige Griechifyer müssen wir vorsichtig sein. Kleine Tricks in der Steuererklärung mögen Stümpern durchgehen, beim Optimieren von Bilanzen und kreativen Erstellen von Ausgaben und Schein-Verlusten ist eine höhere Kunst nötig. Die Fälschung muss der Wahrheit zum Verwechseln ähnlich sein. Hier sollte professionelle Beratung in Anspruch genommen werden. Sie darf vom Angestellten einer internationalen Investment Bank stammen, von einem Griechen besser nicht.

Wir beobachten eine Wiederkehr großer Vornamen im griechischen Volk – wie Demosthenes, Achilleas, Iassonas, Ikaros, Odysseus, Ifigenia, Eurydike, Nike, Ariadne, Danae. Das ist ein wunderbares Zeichen.

Menelaos Alexandris, Kulturhistoriker

Griechify
your Nach-kommen

Mühelos ins Europaparlament ziehen

GRIECHIFY-TIPP:

Griechische Vornamen weiträumig meiden. Was der greise Kulturhistoriker Alexandris verschweigt, ist ein Phänomen, das in Deutschland als «Kevinismus» bekannt wurde. Gemeint ist eine im Prekariat verbreitete Neigung, Kinder mit Namen von Stars und Filmhelden zu befrachten. Amerikanische Soziologen nennen das «Name-Gentrification». Eher unspektakulär veranlagte Nachfahren werden hochtrabend getauft. Die extravagante Namensgebung schlägt ins Gegenteil. «Kevin ist kein Name, sondern eine Diagnose», ermittelte eine Studie der Universität Oldenburg. Dieselbe trübe Diagnose gilt nach Auskunft der Forscher für Träger von Namen wie Chantal, Mandy, Angelina oder Justin, Dennis und Marvin. In Griechenland sind Kevins selten. Dafür gibt es in Dörfern und auf Inseln, wo Inzucht als Garantie für Exzellenz gilt, ein Revival von Namen aus der griechischen Mythologie. Bei griechischen Lehrern und Ausbildungsleitern signalisieren die mythischen Heldennamen dasselbe wie Jerome oder Kendra Tiara Zoé in Deutschland: Der oder die schafft im Laufe der Schulzeit einiges, aber bestimmt nicht das Abitur. Bei griechischen Pädagogen fällt die Reaktion noch heftiger aus: «Wer Platon oder Antigone heißt, bringt es nirgendwohin, höchstens ins Europäische Parlament.» Hmm. Ist das eigentlich so schlimm? Oder ist damit nicht vielmehr das stattliche Auskommen der nächsten drei Generationen gesichert? Wir überlegen uns das noch mal mit den griechischen Namen …

Nur wenn du Gesundheit besitzt, wird dich Gesundheit nicht beschäftigen. Nur wenn du Geld besitzt, wird Geld in deinem Leben dich nicht kümmern.

SOLON VON ATHEN, PHILOSOPH

Griechify
your Geld-
verständnis

Andere schuften lassen und
entspannt genießen

**GRIECHIFY-
TIPP:**

Geld einfordern, vorrangig von europäischen Behörden. Denn Geld soll uns nicht bekümmern. Wir wollen einfach nur glücklich sein. Diagnose des griechischen Historikers Margaritis Dimitsas: «Die Mitteleuropäer arbeiten sich an Dingen ab, die ihnen wenig Spaß machen, um Geld zu verdienen für Dinge, die ihnen tatsächlich Spaß machen.» Ein Umweg, erkannte der Wissenschaftler. «Wir Griechen tun sofort die Dinge, die uns Spaß machen.» Das Geld muss dann allerdings woandersher kommen. Bislang hat das immer geklappt. Und das gar nicht mal zufällig, erklärt Dimitsas: «Geld sammelt sich immer dort an, wo das Glück ist; nicht umgekehrt.» Jetzt also bei uns! Hören wir auf, Dinge zu tun, die keinen Spaß machen, um irgendwann mal genügend Geld für Spaß zu haben. Spaß sofort! Her mit dem Geld dafür! Moralische Unterstützung gibt der Athener Experte Georgios Papandreou: «Es muss im Interesse Europas liegen, glückliche Menschen zu finanzieren.» Aber hallo! Bei den ersten Schritten helfen notfalls die Griechify-Experten «Die glücklichen Arbeitslosen» (Finden wir im Web). Wer deren «Tauglichkeitstest zur Eignung als glücklicher Arbeitsloser» besteht (gar nicht so einfach für einen Deutschen!), der bekommt Tipps für die erfolgreiche «Suche nach unklaren Ressourcen» und Formulare zum Geldeintreiben bei europäischen Behörden. Die Betreiber der Seite leben auf der griechischen Insel Hydra.

Wer kreativ schwindelt, hat es verdient, luxuriös zu leben und sich von den Dummköpfen füttern zu lassen.

KOSTAS KARYOTAKIS, SATIRIKER UND BEAMTER DER PRÄFEKTUR ATTIKA

Griechify
your Kreativität
Glücklich auf Pump leben

GRIECHIFY-TIPP:

Kreativ schwindeln lernen. Der dichtende Jurist Karyotakis bezog sich mit seinem Lehrsatz vor hundert Jahren nicht auf europäische Zapfstellen, sondern auf Quellen im eigenen Staat. Nachdem er selbständig zu leben versucht hatte, gelangte er zu einer Erkenntnis, die seither maßgeblich geworden ist für alle Griechen und auch uns helfen kann: «Es gibt nur ein einziges Heilmittel gegen den Zorn auf Beamte, und dieses Mittel heißt: selbst Beamter werden.» Karyotakis vollzog diesen Schritt, der schließlich von der Gesamtbevölkerung nachgeahmt worden ist. Ein Viertel der Griechen ist direkt beim Staat beschäftigt, ein weiteres Viertel indirekt, die restlichen beiden Viertel beziehen Staatsgelder ohne jegliche Beschäftigung. Nicht jedem wurde, wie einst Karyotakis, zur Ausübung seiner Untätigkeit ein Rolls-Royce zur Verfügung gestellt, doch die Tendenz ging wohl dahin. Mitte 2010 ergaben sich sogar Lieferschwierigkeiten beim englischen Automobilhersteller. «Wer auf Pump luxuriös lebt, der braucht bald nicht mehr zu pumpen, denn dem geben die anderen freiwillig, um sich bei ihm beliebt zu machen», erkannte der trendsetzende Karyotakis. «Man muss nur den ersten Schritt wagen.» Um diesen ersten Schritt zu erleichtern, sponsert das Ministerium für Volksbildung im ganzen Land Kurse, die wörtlich «Umgang mit der Wahrheit» heißen, womit der kreative Umgang gemeint ist. Dass an deutschen Volkshochschulen solche Kurse noch nicht eingerichtet wurden, gilt mittlerweile selbst als Kreativitätsmangel.

*Wässere mir, o Diener, den Baum, der gute Früchte trägt;
doch trägt er faule Früchte, rufe deine Freunde, sie zu ernten.*
DIONYSIOS SOLOMOS, POET DES 19. JAHRHUNDERTS

Griechify
your Erträge

Warum Treue und Loyalität nach hinten losgehen

GRIECHIFY-TIPP:

Gutes behalten, Schlechtes verschenken. Der adlige Dichter Dionysios Solomos hat nie einen einzigen Baum bewässert. Er besaß Obsthaine und Weingärten, doch zu deren Pflege beschäftigte er unterbezahlte Angestellte und eine Gattung von Menschen, die es zu seiner Zeit offiziell nicht mehr gab: Sklaven. Solomos gilt heute als eine Art Nationalheiliger, und das zu Recht. Seine Maxime, die guten Früchte selbst zu verzehren und die schlechten an Bedürftige zu verschenken, leuchtet allen ein. Allerdings geben nur die Griechen das unumwunden zu. Die anderen heucheln, mit zwiespältigem Erfolg: Die guten Früchte sind in Hellas geblieben; die schlechten sind von den mitteleuropäischen Ländern in Form von Schulden geerntet worden; ihr Verzehr wird noch einige Jahrzehnte in Anspruch nehmen. «Im Norden versteht man sich nicht auf den Anbau von Früchten», heißt ein wahrhaftiges griechisches Sprichwort, das sich einst auf die unfruchtbaren Eichenwälder nördlich der Alpen bezog. Eine spöttische Variante besagt: «Wenn Germanen einen Baum pflanzen, hoffen sie, Waffen zu ernten.» Auch das ist nicht ganz falsch. Heute hängt die Waffe allerdings an einem dünnen Faden vom unfruchtbaren europäischen Baum. Sie wird, da sind die Verzehrer guter Früchte sicher, denjenigen erschlagen, der sich um den Baum kümmert. Das wird bestimmt nicht Damokles sein. Der lebt ganz entspannt in Hellas oder Syrakus.

Wir brauchen keinen Umweltschutz, wir haben das Meer.
GRIGORIS STAMELOS, UMWELTBOTSCHAFTER

Griechify
your Umwelt
Naturkräfte zur Müllentsorgung nutzen

GRIECHIFY-TIPP:

Öko-Test-Siegel «Sehr gut» auf alle eigenen Belange kleben. Bereits Tiefseeforscher Jacques Cousteau lobte den griechischen Umgang mit dem Meer: Wenn Ikarus heute in die Ägäis stürzen würde, bräuchte er sich keine Sorgen zu machen. «Er könnte stehen.» Denn der Müll reicht schon bis knapp unter die Wasseroberfläche, in vielen Fällen auch darüber. Fremdländische Beobachter tadeln das zu Unrecht. «Es ist eine Art Landgewinnung», teilte das arbeitslose griechische Umweltministerium kürzlich mit und verwies auf die Malediven, wo ganze Inseln aus Müll aufgeschüttet werden. Andere sehen es kritisch, wie der Umweltaktivist Grigoris Stamelos: «Die EU ist schuld, dass wir überhaupt in der Lage sind, Styroporpackungen aus dem Auto zu werfen und Plastik in Papiercontainer zu stopfen.» Insofern müsse Europa die Verantwortung übernehmen und bezahlen, am besten direkt an die Müllabfuhr, deren Dauerstreik komfortabel abgefedert werden sollte. Tatsächlich benötigt man die Müllwerker nicht, weil in den meeresfernen Städten der Unrat irgendwann vom Regen weggespült oder von streunenden Hunden gefressen wird. Und im Übrigen trifft es nicht zu, dass Ikarus bei seiner Meereslandung notgedrungen auf Müll zu stehen käme. Häufig handelt es sich um das Dach einer Fähre, deren Untergang nie gemeldet wurde, weil die Verwandten auf die Renten und Gehälter der Abgesoffenen angewiesen sind. Meist schaffen die Hinterbliebenen es auch, parallel die Kosten für die Seebestattung geltend zu machen. Das, so die Fachzeitschrift Οικο-Τεστ, verdiene die Note «Sehr gut».

O schlangenhäuptige Frau, alles, alles will ich dir geben, der ich ermattet zu dir geschlichen von des reichen Europas Gestaden!

LORD GEORGE BYRON, ODE AN DIE DAME VON MESOLONGI

Griechify
your Widerstand

Wie man an die Meistbegünstigungs-klausel kommt

GRIECHIFY-TIPP:

Vorwürfe machen, anklagen, böse werden. Es war ein türkischer Sozialhistoriker, der vor Jahrzehnten der Europäischen Gemeinschaft Bedenken gegen die Aufnahme Griechenlands nahelegte. Die Griechen, prophezeite Muzafer Sherif, würden es halten «wie schon im Osmanischen Reich: Sie werden sich bezahlen lassen und gleichzeitig Widerstand leisten». Vierhundert Jahre lebten die Griechen gut angepasst unter osmanisch-türkischer Herrschaft, bis sie um 1821 das Ausscheren aus der osmanischen Union beschlossen, weil die Gelder geringer als gewohnt flossen. Bei der Erhebung in Mesolongi, dem Zentrum der Aufmüpfigen, kämpfte der romantische Poet Lord Byron auf der Seite der Griechen, weil er sie irrtümlich für die Nachfahren klassischer Dichter hielt. Dabei verliebte er sich in die Tochter eines Aufständischen, eine junge Frau, die ihr Haar zu zahllosen Zöpfen geflochten hatte – als symbolische Erinnerung an die widerborstige Sagengestalt Medusa. Bei deren Anblick gaben die Gegner auf Anhieb ihre Goldreserven frei, die Ärmeren flohen, und die, die weder das eine noch das andere konnten, verwandelte sich freiwillig zu Stein. Die Mischung aus Widerborstigkeit und finanziellen Forderungen hat die Griechen erfolgreich durch die Jahrhunderte getragen. Wie in Lord Byrons Tagen macht vorwurfsvoller Trotz den ermatteten Europäern Eindruck. Der Medusenzorn samt Vorzeigen leerer Taschen lässt selbst harte Geldpolitiker butterweich werden. Was können wir daraus lernen? Vorwürfe machen, anklagen, böse werden! Das steigert das Einkommen mehr als freundliche Mitarbeit.

Konzentration führt zu schädlicher Fokussierung. Wer sich Mühe gibt, ein Ziel zu erreichen, versäumt Entspannung und Genuss. Fokussierung ist nur in einem einzigen Fall sinnvoll: wenn es gilt, den Liegestuhl zu erreichen.

ESME PASPATIS, ARBEITSPSYCHOLOGE

Griechify
your Fokus

Anstrengung des Anfangens meiden

**GRIECHIFY-
TIPP:**

Gelegenheiten zur Zerstreuung bewusst nutzen. Wohltätige Ablenkungen wahrnehmen, sogenannte Störfaktoren willkommen heißen. Anwesenheitszeiten in Korrelation zu Lust und Stimmung wechseln, damit sie nicht zum Trott werden. Schauplätze der scheinbaren Tätigkeit immer wieder an andere Orte verlegen (vormittags Restaurant, nachmittags Sofa, am nächsten Tag Café, später Cabrio, am dritten Tag erst Bar, dann Strand und so weiter). Andernfalls schleicht sich ein Gewöhnungseffekt ein, zumindest bei den Zuschauern. Arbeitsbezogenen Anrufern einen lautlosen Klingelton zuweisen, das fördert die Erholung. Anstehende Aufgaben immer als Großes und Ganzes betrachten in der bereits von Odysseus gerühmten Ganzes-Lamm-am-Spieß-Taktik. Die in kühleren Ländern empfohlene Salami-Taktik – jede Aufgabe Scheibchen für Scheibchen angehen – hat oft Belastung durch Arbeit zur Folge. Übertragene Pflichten als unerreichbare Ziele erkennen, damit die Anstrengung des Anfangens entfällt. Kleine Spaßarbeiten einbauen, etwa das Fokussieren von Cocktail und Liegestuhl. Verdienten Lohn genießen. Auf Europa trinken.

Den Wunsch europäischer Reiseteilnehmer, pro Kreuzfahrt wenigstens einen Griechen ins Meer zu werfen, halte ich für zynisch und menschenverachtend. Entsprechend hoch ist der Aufpreis.

ELENI MARINOU, REEDERIN

Griechify
your Kreuzfahrt
Effizient die Opferrolle einnehmen

GRIECHIFY-TIPP:

Filme der Mitreisenden genau betrachten. Eleni Marinou gehört zu der Kategorie der oberschlauen Reiseveranstalter. Als im Juni 2010 auf einem ihrer Clubschiffe versehentlich ein fetter Küchengehilfe über Bord ging und nur knapp vor heranrauschenden Tigerhaien gerettet werden konnte, entging Eleni nicht eine auffallende emotionale Bewegung der deutschen und französischen Kreuzfahrtteilnehmer: Die freuten sich. Sie applaudierten sofort – nicht erst, als der Smutje herausgezogen wurde, sondern bereits bei seinem Hineinplumpsen. Eleni: «Es war deutlich Schadenfreude zu spüren, nach der Devise: Ihr Griechen fresst euch von unserem guten Geld voll, wenn wir es nicht zurückkriegen, sollen die Haie sich an eurem Fett versuchen. Diesen niedrigen Rachegedanken habe ich zur Geschäftsidee gemacht.» Seither plumpst auf jeder von Eleni organisierten Ägäis-Kreuzfahrt ein dicker Besatzungsangehöriger extrem versehentlich ins blaue Meer, sofort werden die Reisenden in echt wirkender Panik zusammengeschrien, ein vom Schiff aus steuerbarer Unterwasserrotor mit vier Haiflossen wirbelt auf den prustenden Schwimmer zu, und der wird dann unter Ausrufen des Entsetzens und mit viel «Heureka!» (bei Touristen beliebter Ausruf) last minute gerettet. Eleni Marinou: «Gesundheitsbewusste Haie würden ohnehin keinen von uns anrühren.»

Europäische Männer muss man nicht unterwerfen. Die fallen von selbst um.

NANA MOUSKOURI, SÄNGERIN

Griechify
your Waterski

Geldgeber treten und damit verdienen

GRIECHIFY-TIPP:

Nana danken. Dass die Idee von der bald achtzigjährigen Brillenstimme stammt, scheint unwahrscheinlich, wenngleich man es auf ihrer Heimatinsel Kreta hartnäckig behauptet: Wir bemalen Wasserskier mit den Konterfeis europäischer Politiker und pflügen darauf triumphal durch die Wogen. Diese nie patentierte und nun an etlichen griechischen Stränden verbreitete Produktidee zieht seit dem vergangenen Jahr nicht nur Einheimische, sondern immer mehr Touristen an. Die aufgebogene Spitze gewöhnlicher Wasserskier wird hier durch die aufgebogenen Flachköpfe europäischer Schergen ersetzt. Die Gummimanschette für den Halt der Füße befindet sich genau auf dem Bauch der dargestellten Clowns. Die Fersen der Wasserskifahrer drücken präzise in die Weichteile der hölzernen Karikatur. «Leider alles nur im Modell», bedauert der kretische Unternehmer Nikos Kourakis. «Aber vielleicht spüren die Dargestellten doch etwas.» Deutsche Urlauber reiten am liebsten auf Sarkozy und Berlusconi, Franzosen lieber auf Merkel und Kohl (in einer schmalen Sonderanfertigung). «Griechische Politiker werden selten malträtiert; sie sind bei Touristen zu unbekannt. Die meisten Reisenden staunen jedoch, wie kreativ wir Griechen in der Krise sind. Nana sei Dank!»

Was jung hält? Fettes Fleisch, trüber Fusel, nervtötende Musik und Sex mit Meeresfrüchten! Wie anders kämen wir zur höchsten Lebenserwartung Europas?

THEODOROS NEGREPONTIS, 93, GERONTOLOGE
(ABBILDUNG)

Griechify
your Alter
Wie man ab dreißig Rente bezieht

GRIECHIFY-TIPP:

Geburtsdatum überarbeiten. Negrepontis, Altersforscher an der Uni Makedonien, hat recht. In keinem anderen Staat werden die Menschen so alt. Nirgendwo gibt es so viele Hundertjährige, die noch zu Hause bei ihren Eltern leben. Während in Deutschland nur knapp zwei Prozent der Bevölkerung über hundert Jahre alt werden, sind es in Griechenland mehr als 23 Prozent. Liegt es an den knüppeldicken Knoblauchzehen und dem gepanschten Olivenöl? Nein, es liegt an der Kunst der Urkundenfälschung. Zu Unrecht wird das Haus Goldman Sachs für die Daten verantwortlich gemacht. «Urkunden schaffen wir noch allein», grollt gekränkt der Athener Verwalter des nationalen Geburtsregisters, Panagiotis Ioannidis. Änderungen des Geburtsdatums in jeder Richtung, amtliches Siegel eingeschlossen, sind bei ihm ab fünfhundert Euro zu haben. Änderungen, die zum sofortigen Bezug einer Alters- und Behindertenrente berechtigen, kosten pro Tag, was dem tatsächlichen Alter hinzugefügt werden muss, einen Euro. Beispiel: Wer heute dreißig ist, aber als fünfzig durchgehen möchte (Beginn des griechischen Rentenalters), muss für die Rückverlegung seiner Geburt von 1982 auf 1962 satte 365 Euro pro Jahr mal zwanzig zahlen: 7300 Euro. Glücklicherweise werden die Gelder von der Europäischen Union übernommen. Der pensionierte Gerontologe Negrepontis ist übrigens nicht 93, sondern 43. «Wir genießen hier das Alter in vollen Zügen.» Vorbildlich!

In jedem Griechen ist der alte Pan lebendig: der Gott der
natürlichen Einklangs und der gelassenen Fröhlichkeit. Stört
nicht den Pan in seiner Muße!, rufen wir den Europäern zu. Alles,
was ihr tun solltet, ist Opfer bringen!

DIMITRA TSITSANIS, FREIZEITFORSCHERIN

Griechify
your Götterwelt
Die Freizeit zur Religion erheben

GRIECHIFY-TIPP:

Hausaltar bauen. Pan als Gott einführen. Sich in der Verehrung von niemandem stören lassen. Pan ist eine Art alteuropäischer Buddha: in Frieden sitzend, vom Ufer aufs Wasser blickend, zuweilen Flöte spielend, das Dasein hier und jetzt genießend. Dass die Griechen sich diesem lässigen Gott verpflichtet fühlen, kann ihnen niemand übelnehmen. «Es ist ein Kult der Freizeit, eine Anbetung der Muße, die Ausübung besteht im Genuss des Lebens», erläutert der Religionswissenschaftler Mircea Eliade. Offiziell gibt es in Griechenland das orthodoxe Christentum, «doch die wahre Religion ist die Verehrung des Pan, sie offenbart sich im Glauben an die Freizeit». Zuweilen zeigt sie sich auch in Beinbehaarung und besonderen Zehenformen sowie plastischen Stirnhöckern – alles Reminiszenzen an die Ziegen-Gene des Gottes. «Ja, bei tiefer Identifikation können sich solche Merkmale ausformen wie Wundmale bei einem extrem sich identifizierenden Christen», gesteht die Freizeitforscherin Dimitra Tsitsanis, die wir hier im Bild eingefangen haben bei ihrem kürzlichen Berlin-Besuch. Uns genügt vorerst die Identifikation mit der Freizeit.

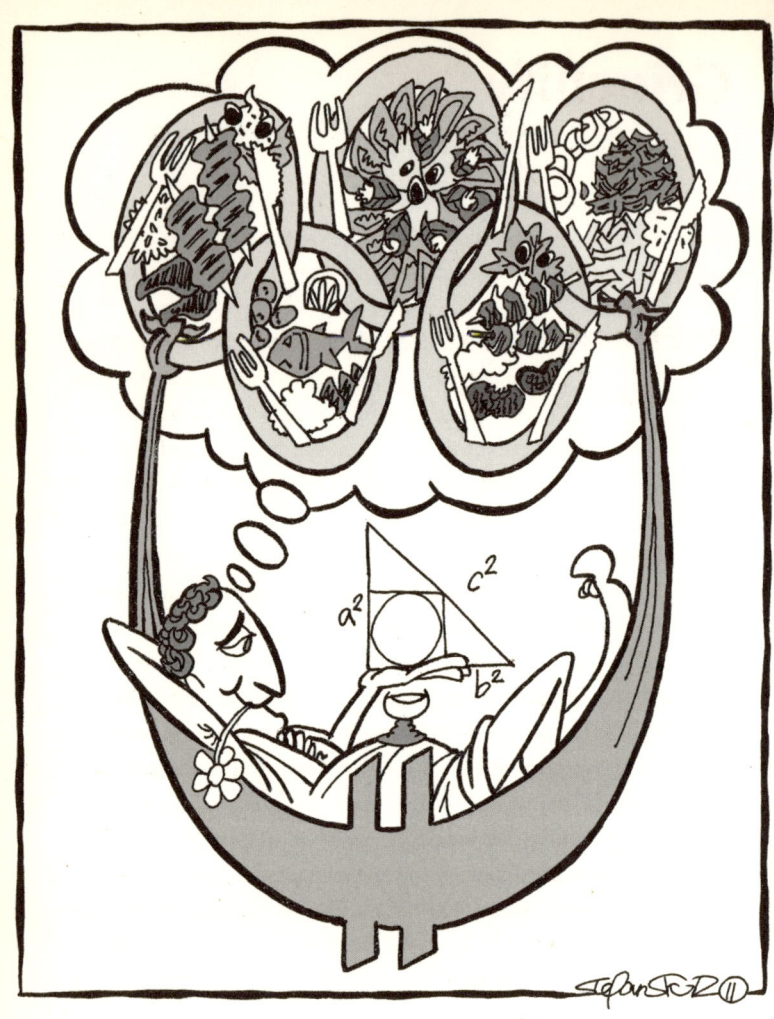

Die Nordeuropäer sind die wirklich Faulen. Denn sie arbeiten nur, um nicht denken zu müssen. Und sie denken nur, um nicht einzuschlafen. Wie widersinnig!

PETROS BRAILAS, DENKER

Griechify
your Tagträume

Hängematten-Modus zur
Gewohnheit machen

██

Nicht arbeiten, denken. Nicht denken, schla-
fen. Oder wenigstens tagträumen. In den
frech hingeworfenen Sätzen des Petros Brailas
steckt mehr Wahrheit, als sich auf Anhieb
erkennen lässt. Auch mitteleuropäische Forscher wissen mittlerweile: In der Phase zwischen Wachheit und Schlaf und zwischen
Tag und Traum wohnen mehr Glück und Kreativität als in Alltag
und planerischem Denken. «Das frei schwebende Bewusstsein ist
klüger als die Zügel, die ihm das Ich anlegt», erklärte Petros Brailas, der seine Tage in wohligem Halbdämmer auf der Terrasse oder
auf einer Liege am Kamin verträumte. Das hat Tradition. Archime-
des kam zu seinen genialen Ideen beim Planschen in warmem
Wasser. Pythagoras fielen seine Erkenntnisse nach Auskunft seines Schreibers in einer Hängematte zu, gewöhnlich vor dem
Essen. Beim Essen selbst vergaß er sie wieder, danach schlief er,
und ohne seinen Schreiber – einen germanischen Sklaven – wüssten wir vermutlich nichts davon und würden sie auch nicht ver-
missen. Was wir lernen: Das oft getadelte griechische Streben
nach ruhigen Pöstchen ist in Wahrheit ein Streben nach Glück
und kreativen Träumen. Höher geht es nicht.

Menschen, die sich mit tätiger Arbeit abgeben, werden nie des Höheren teilhaftig.

XENOPHON VON ATHEN, HISTORIKER

Griechify
your Sklaven

Arbeitswillige loben und
machen lassen

**GRIECHIFY-
TIPP:**

Andere die Arbeit machen lassen, sich selbst dem Höheren hingeben. Das Höchste ist, wie Xenophons Lehrer Sokrates durchblicken ließ, das erfüllte Nichts, die energievolle Leere. Das ahnen mittlerweile auch trübe Mitteleuropäer. Doch die Griechen ziehen seit zweitausend Jahren Konsequenzen daraus, und da haben wir noch Nachholbedarf. Das hellenische Delegieren von Arbeit und Verantwortung hat seine Wurzeln in der Antike. Auf jeden Bürger des klassischen Athens kam mindestens ein Sklave. Die auf antiken Vasenbildern sich räkelnden Griechen, die einander zuprosten und sich massieren lassen, sind nicht denkbar ohne die schattenhafte Tätigkeit einer Menge von rechtlosen Arbeitern. Die Freizeitgesellschaft war im alten Griechenland umfassend verwirklicht, und bis heute hat sich kein Grund aufgetan, davon abzurücken. «Nur dass die Sklaven jetzt in den europäischen Industrieländern zu Hause sind und sich für frei halten», erklärt lächelnd der Athener Lehrstuhlinhaber für Organisationsforschung, Sotirios Antonoupolus und empfiehlt: «Suchen Sie sich wie ich einen Posten in Forschung, Beratung, Gutachterwesen, da können sie sich ungestört dem erfüllten Nichts hingeben.» Gleich jetzt anfangen!

Wer soll arbeiten, um frei und reich zu werden, wenn er auch ohne Mühe frei und reich sein kann?

THEOFANIS KOLOKOTRONIS, MILITÄRHISTORIKER UND AHNENFORSCHER

Griechify
your Ausgaben

*Sofortiges Geldausgeben schützt
vor Haushaltssorgen*

**GRIECHIFY-
TIPP:**

Ersparnisse sofort verbrauchen, Spender und Gönner anklagen. Vorbild ist ein Ereignis aus dem Befreiungskampf. Bis 1820 war das Land, das heute für Griechenland gehalten wird, vier Jahrhunderte lang von den Türken besetzt. Nachkommen der klassischen Griechen gab es schon um 1800 nicht mehr, allenfalls auf einem Zipfel des Peloponnes, auf der Halbinsel Mani, wo sich eine tapfere Schar erhalten haben soll. Die Bevölkerung, deren fremdfinanzierten Lebensgenuss wir bewundern, ist eine Vermengung findiger Südslawen und genialer Kleinasiaten. Die erhoben sich 1821 nicht freiwillig gegen die Herrschaft der türkischen Dynastie. Vielmehr wurden sie von Frankreich, Großbritannien und Russland dazu angestachelt und, viel wichtiger, finanziert. Das Geld, damals Edelmetall und Schuldscheine, wurde in schweren Eisenbehältern nach Hellas transportiert. Über die Landesgrenzen hinaus berühmt geworden ist der Ausruf des Griechenführers Theodoros Kolokotronis: «Wir sollen die Osmanen vertreiben, um reich und glücklich zu werden? Seien wir gleich reich und glücklich!» Er ließ die europäischen Geldtransporte sprengen und den Inhalt, sofern er nicht verkohlt war, unter seine Getreuen verteilen. Anschließend klagte er die Lieferländer an und forderte Nachschub. «Ein schlechtes Gewissen zahlt schneller.» Merken!

*Lasst uns leben das Leben der Ahnen, und lasst uns der Gaben /
ohne Mühe uns freuen, welche die Göttin uns schenkt.*

ANTIPATROS VON SIDON, DICHTER

Griechify
your Schaffens-
kraft

Ehrgeiz zur letzten Ruhe betten

**GRIECHIFY-
TIPP:**

Mühe meiden, Gaben genießen, alles Begeh-renswerte als Geschenk der Götter in Besitz nehmen. Möglich ist das nicht nur in der Frei-zeit, sondern auch auf all den Ruheposten, die in großen Betrieben in reichem Maße zur Verfügung stehen. «Der Ehrgeiz ist das Schädliche», hat der Evaluationsforscher Patroklos Gouvias ermittelt. «Haben Sie erst einmal einen ruhigen Arbeits-platz gefunden, dann vermeiden Sie jegliche Veränderung, auch auf ihrem Schreibtisch. Machen Sie auf keinen Fall Vorschläge zur Verbesserung der Abläufe oder zur Vermeidung von Geldver-schwendung. Werden Sie stattdessen stiller Teilhaber. Die Beto-nung liegt auf still.» Gouvias, der an der Wirtschaftsuniversität Athen lehrt, kann überdies mit Studien aufwarten, die unbezwei-felbar die Schädlichkeit jeglicher Mühe bereitender Arbeit bele-gen. «Zumindest in unseren Breiten verursacht Arbeit nachweis-lich Kopfschmerzen und Migräne, dazu Schwindelgefühle, Anfälle von Übelkeit, Starrheit, Muskelkrämpfe und Gewichtszunahme, leider auch Depressionen, Müdigkeit, Reizbarkeit, Schlaflosigkeit, Hautausschläge, Atmungsschwierigkeiten und Beklemmungen. Bei Ihnen im Norden nicht?» O doch, Professor, sogar in steigen-dem Maße!

Geh mir ein bisschen aus der Sonne.

DIOGENES VON SINOPE ZU ALEXANDER III.
VON MAKEDONIEN

Griechify
your Sonnenplatz
Gemütlichkeitschancen optimal verwerten

GRIECHIFY-TIPP:

Sonnen. An Tagen ohne Sonne über die Wolken liften lassen. Krone des Diogenes aufsetzen. Der Philosoph gilt als Vorbild weiser Einfachheit. Er lebte in einer Bretterbude am Strand. Von Alexander dem Großen nach einem Wunsch befragt, antwortete er: «Geh mir ein bisschen aus der Sonne.» Alexander beneidete ihn: «Dieser Mann hat die Krone der Weisheit errungen.» Heutige Forscher vergleichen Diogenes mit den freundlichen älteren Herrschaften, die im Park auf der Bank sitzen. Mehr als Sonne und eine Tasse Kaffee benötigen sie ebenfalls nicht. Vielleicht noch ein Gläschen Metaxa. Nach einer Umfrage vom Mai 2011 bezeichneten sich 87 Prozent aller Griechen als «reif für die Krone des Diogenes». Sind wir ebenfalls reif? Wir sind es, wenn wir im Keller stehen und nicht mehr wissen, warum wir runtergegangen sind. Wenn die Nachbarn nichts von unserer Party mitkriegen. Wenn wir mit einem festen Ziel losspazieren und ganz woanders ankommen. Wenn immer mehr Fernsehkrimis uns völlig unlogisch vorkommen. Wenn wir dreimal um den Block gehen, bevor wir das Auto finden. Wenn wir abends das Gefühl kriegen, wir müssten nach Hause, obwohl wir im Wohnzimmer sitzen. 87 Prozent der Griechen haben dieses Gefühl. Denn genauso viele beziehen «Sonderzahlungen an Betroffene von Altersdemenz».

Sieh da, sieh da, Timotheus, die Kraniche des Ibikus.

FRIEDRICH SCHILLER, DRAMATIKER, BEIM HÄHNCHEN-ESSEN IN EINEM GRIECHISCHEN RESTAURANT

Griechify
your Broiler
Naturschutz selbständig interpretieren

GRIECHIFY-TIPP:

Gegen die Gängelei der EU wehren. Selbständig denken und essen. Von Brüssel wurde vor dreißig Jahren der Vogelfang verboten. «Für uns bleibt es unbegreiflich, wie der von Mozart verewigte Beruf des Vogelfängers jemals illegal werden konnte», klagt Theofanis Psacharopoulos, Vogelschutzbeauftragter des Landes. «Das geht nicht, das passt nicht, da machen wir nicht mit.» Die griechischen Vogelheger (Heger und Jäger werden sprachlich nicht unterschieden) schießen niemals, nicht einmal mit Krampen. Sie arbeiten streng traditionell nach der von Mozart empfohlenen Weise des Papageno: Sie spannen Netze aus oder – nach einem auf die Antike zurückgehenden Brauch – bestreichen Äste mit Leim oder Feigensirup. «Dann gehen die Vögel auf den Leim und zwitschern froh, wir nehmen sie heim», reimt Vogelschützer Psacharopoulos heiter. «Übrigens: Weil wir andere Vögel braten als die Italiener, Spanier oder Franzosen, ist keine der Populationen in Gefahr.» Touristen, räumt der Schutzbeauftragte ein, «essen Singvögel nur, wenn sie ihnen als geheimnisvolles Souvlaki serviert werden. Dann sind sie aber immer voll des Lobes.» Geier, die auf dem Badewannenrand des Hotels Platz nehmen, seien hingegen nicht essbar. «Die sollen nur das Trällern des Gastes beenden.»

Meide das Männergeschlecht! Nach Lust nur verlangt es,
nach fleischlicher Nahrung und reichlicher Ruhe.

Sappho, klassische Dichterin aus Lesbos

Griechify
your Gender Politics

Anderen das Siegertreppchen des Haushaltens überlassen

GRIECHIFY-TIPP:

Argumente geschlechtsspezifisch aus der Antike beziehen. Männer wollen guten Sex, gutes Essen und in Ruhe gelassen werden, hat die zeitgenössische Autorin Dido Sotiriou die antiken Verse der Sappho übersetzt. Mehr sei auch nicht zu sagen. «Und doch setzen sich griechische Männer sehr für die Stärkung der Frauen ein», beschwichtigt Spyridon Zalavras, Leiter des nationalen Programms zur Gleichstellung. «Wenn wir noch die Sklaverei hätten, müssten die Frauen bei uns jedenfalls nicht arbeiten.» Allerdings ist die Sklaverei seit geraumer Zeit abgeschafft, zumindest offiziell. «Hinter die Mauern der Häuser können wir natürlich nicht blicken. Das verträgt sich nicht mit unserer Auffassung von Datenschutz.» Einige Zahlen sind immerhin durchgesickert. Danach verdienen Frauen für die gleiche Arbeit oder Nicht-Arbeit in Griechenland bis zur Hälfte des männlichen Lohnes. Obendrein dürfen sie inzwischen in manchen ländlichen Regionen zur Wahl gehen und sich in einigen großen Städten sogar zur Wahl aufstellen lassen. Die Folge: Zwölf Prozent der griechischen Abgeordneten sind Frauen. «Aber eigentlich mögen sie keine Politik», hat Gleichstellungsexperte Zalavras herausgefunden. «Weil sie trotzdem herrschen wollen, fühlen sie sich zu Hause am wohlsten.» Er selbst gesteht verstohlen, sei daheim «lediglich Herr über die Fernbedienung». Willkommen in Europa, wenigstens über Satellit!

Nicht nur die Europäische Union, die ganze Welt ist verpflichtet, Zins und Zinseszins für unsere Ideen zu bezahlen. Man nennt das Urheberrecht.

ATHANASIOS PITSILLIDES, RECHTSGELEHRTER

Griechify
your Erfindungen

Zapfquellen erschließen und
Sozialsysteme melken

Patente anmelden, auch wenn es nicht die eigenen sind. Juraprofessor Pitsillides trifft mit seiner Forderung ins Schwarze und obendrein ins Grüne, Rote, Blaue und Gelbe, denn das sind die Farben der olympischen Ringe. Nichts Geringeres als die Olympiade hat Pitsillides als Geldmaschine im Sinn. Beim internationalen Gerichtshof hat er Klage eingereicht auf eine Beteiligung Griechenlands an sämtlichen Einnahmen aus allen Olympischen Spielen seit 1894, und zwar der Sommerspiele, der Winterspiele und der Paralympics «sowie aller abgeleiteten Ideen». Die Aussicht auf tatsächliche Einnahmen (Pitsillides möchte fünfzig Prozent der Nettogewinne für sich und sein Land) wird als gering eingeschätzt, aber vielleicht springt doch etwas heraus. Für ihn selbst auf jeden Fall, denn die Klage wird wegen des internationalen Interesses mit europäischen Geldern finanziert. Überdies verursacht sie Schuldgefühle bei den Austrägern der Spiele, und – so der antike Weise Aristipp – «Schuldgefühle führen stets zu Zahlungen». Das Urheberrecht einer Idee einzuklagen, das lernen Griechifyer, kann nicht schaden. Auch wenn die Idee, wie in diesem Fall, zweieinhalb tausend Jahre alt ist und die neuzeitliche Version samt dem Entwurf der fünf Ringe von einem Franzosen stammt. Abkassieren ist besser als selbst erfinden. Die ureigene Erfindung eines thessalischen Milchbauern, Milch in den Farben der olympischen Ringe zu verkaufen, und zwar gleich «ab Eimer, mit naturidentischen Färbemitteln», endete im frühen Ableben des Erfinders an unklaren Vergiftungserscheinungen.

Albträume deuten auf böse Verwandte, quälende Nachbarn und dunkle Widersacher.

GRIECHISCHES BUCH DER TRAUMDEUTUNG,
AUFLAGE 2011

Griechify
your Träume

Im Schlaf neue Subventionen erschließen

GRIECHIFY-TIPP:

Albträume sammeln und in Brüssel einreichen. Im Herbst 2010 meldete die griechische psychoanalytische Gesellschaft der europäischen Kommission erstmals einen «besorgniserregenden Anstieg düsteren Albdrückens» bei der einheimischen Bevölkerung. Die große Zahl verängstigter Träumer sei mit eigenen Mitteln nicht mehr zu behandeln. Europa sei am Zug, zumal die bedrohlichen Monster im überwiegenden Teil der Angstträume die Gestalt Europas annähmen, sich zu entsetzlicher Größe aufblähten und den Träumer zermalmten. Beim Erwachen bleibe die deprimierende Wirkung bestehen und manifestiere sich als «muskuläre Verspannung im zentralen Nervengeflecht». Die Beschwerde blieb in Brüssel nicht ohne Wirkung. Die Wächter über die griechische Zahlungsmoral fühlten sich völlig zu Recht schuldig für das Albdrücken im östlichen Mittelmeer und stellten Gelder für die fachgerechte Behandlung bereit. Seither verzeichnet die psychoanalytische Gesellschaft steigende Beitrittszahlen, und auch die Zahl der freien Psychotherapeuten hat sich sprunghaft vermehrt. «Ein gutes Zeichen», meint der Psychoanalytiker Paraskevas Bentekas. «Die großflächige Behandlung wird allerdings so lange nötig sein, wie den Griechen die Schuld für die Krise zugeschoben wird.»

Welches Volk der Welt hätte mehr Humor als die Griechen?
ANGELOS TSAROUCHAS, HUMORIST

Griechify
your Guinness-Buch

Pausenrekorde aufstellen und verteidigen

GRIECHIFY-TIPP:

Verweigerung als kreative Leistung erkennen. Als die griechische Zahlungsunfähigkeit offensichtlich wurde, staunten einige Beobachter über den späten Zeitpunkt der Erkenntnis. Doch die Verspätung hatte ihren plausiblen Grund darin, dass europäische Finanziers und Politiker selbst an der Verschleppung verdienten. Eine kleine Schar Unbeteiligter hätte früher etwas bemerken können: die Redaktion des Guinness-Buches. Bereits Ende der neunziger Jahre, so kam heraus, gab es bei den griechischen Rekord-Einreichungen einen Umschwung. «Bis dahin hatten die griechischen Einsender versucht, mit besonderen Leistungen zu glänzen. Das klappte nie. Dann begann der Paradigmenwechsel: Griechische Einsender stellten immer mehr Rekorde auf im Verweigern von Leistung. Darin waren sie wirklich unübertrefflich.» Und das sind sie heute mehr denn je. Laut Register halten Griechen den Rekord in optimaler Verwertung von Gemütlichkeitschancen und Erschließung reichhaltigen Pausen-Potenzials (Platz 3 der Verweigerungsrekorde), darüber hinaus den Rekord im Streik-Marathon, Verantwortungs-Weitwurf, Produktivitäts-Unterwanderungs-Staffelsitzen und Streikgrund-Erfindungs-Zehnkampf (Platz 2) und natürlich den Rekord in Ineffektivität, Verschleppung, Bremsung, Verwaltungsaufwand und Bürokratiewust (Platz 1). Können wir als Griechify-Schüler mithalten? Noch nicht. Aber das Üben macht Spaß.

Sollen Pausen durch Arbeit unterbrochen werden? Und wenn ihr mich kreuzigt! Ich sage ja.

Evdokia Poursanidis, Präventionsmedizinerin,
Trägerin des Preises für Zivilcourage

Griechify
your Gesundheits-
vorsorge

Arbeit homöopathisch verabreichen

Kurze Einschübe von Arbeit beleben die Pause. Die Erkenntnis ist noch relativ neu, erklärt Evdokia Poursanidis. Sie hat gerade eine Langzeituntersuchung über die Vorzüge und Nachteile ganztägiger Pausen abgeschlossen. «Die Generation von Griechen, denen vor dreißig Jahren der Beitritt zur Europäischen Gemeinschaft aufgezwungen wurde, leidet bis heute unter den Spätfolgen der damals übernommenen Arbeitsvorgaben», beklagt Frau Poursanidis. Zwar wurde Griechenland nie zu europäischen Standards in Produktivität und Buchhaltung genötigt, «doch schon die geringste Aussicht auf die mögliche Einführung solcher Standards kann krank machen». Bei ihren sensiblen Landsleuten beobachtete die Expertin alarmierende Symptome wie Sehschwierigkeiten und Höreinbußen, Herzklopfen, zeitweisen Geschmacksverlust und undeutliche Aussprache. «Das änderte sich, sobald wir die Pause zur Priorität erklärten, ja zum eigentlichen Inhalt des Arbeitstages.» Arbeiter und Angestellte begannen fortan jeden Tag mit einer Pause und setzten ihn als Pause fort, unterbrochen lediglich von andersartigen Pausen wie Kaffeepause, Klopause, Ouzopause, Plauderpause, Mittagspause, Telefonierpause, Metaxapause. «Als darauf Klagen über Müdigkeit und Gedächtnislücken aufkamen, wussten wir: eine kleine Prise Arbeit muss sein. Schon ein Anflug von Schreibtischanschauen oder Papierblatthochheben kann helfen, anschließende Pausen erfrischender erscheinen zu lassen.» Ausprobieren!

Das Gefährlichste im Leben sind Ziele. Sie verlagern den Blick auf etwas, das in der Zukunft liegt und also unerreichbar ist.

MIMIS NESTORIDIS, TRÄGER DES ALTERNATIVEN NOBELPREISES

Griechify
your Zielsetzung
Zieleverfehlen zum Ziel machen

GRIECHIFY-TIPP:

Im Hier und Jetzt leben. Der Preisträger hat recht: Wer sich ein Ziel setzt, büßt an Entspannung ein. Wer sich ein Ziel setzt, muss die Lage analysieren, erste Schritte festlegen, Etappen planen, Ressourcen erschließen, Kontakte knüpfen, muss effektiv und womöglich auch noch effizient arbeiten, sich selbst motivieren, also kurz: sich anstrengen. Das kann nicht gut sein. Das Wort Zielsetzung ist neu in Griechenland. Und es bleibt fremd und überflüssig. Vor der Krise kreuzte bei der Fragebogenaktion «Was können wir Griechen für Europa tun?» die überwältigende Mehrheit drei Punkte an: Kaffee kochen, Grillplatte vorbereiten, Ouzo kalt stellen. Das ist Gastfreundschaft. Das ist Glück! «Jetzt verlangt man von uns auch noch finanzielle und wirtschaftliche Beiträge», beklagt Mimis Nestoridis. «Dabei war von Anfang an vereinbart, dass diese Beiträge aus Europa zu uns kommen!» Als jüngst die führenden hundert Manager des Landes zu einem Zielsetzungsseminar eingeladen wurden, kamen immerhin dreizehn. Teilnehmen wollten sie allerdings nur am Essen und am nachmittäglichen Pfeilewerfen, einer eigentlich für Kinder entwickelten Einführung in das Thema. Die sieben wurffähigen Teilnehmer trafen lediglich die äußeren Ringe der Zielscheibe, keiner die Mitte. «Das Sparschwein enthält europäisches Geld, das wollen wir lebendig haben!», erklärte Top-Werfer Mimis Nestoridis. Okay, Nobelpreis verdient!

Mag sein, dass in Nordeuropa das Geld zu Hause ist. Das Glück wohnt in Griechenland.

ODYSSEAS ELYTIS, DICHTER

Griechify
your Verwandten-entsorgung

Die Fliehkraft des Euro nutzen

GRIECHIFY-TIPP: Jahrmarktgelder aus Brüssel eintreiben. Zunächst sah es nach einem tragischen Unfall aus, dann erwies es sich als Glücksfall. Um das Ansehen der Europäischen Union in seinem Land zu erhöhen – in Griechenland gilt die EU als schamloser Ausbeuter –, ließ der Schausteller Traianos Liberopoulos sein Kettenkarussell mit selbst entworfenen Euro-Schaukeln ausstatten. Die Gelder konnte er aus Brüssel eintreiben, aus dem Topf für «Werbemaßnahmen zur Erhöhung der Wahrscheinlichkeit der Akzeptanz der gesamteuropäischen Identität» (auch Genitiv-Topf genannt). Vielleicht war es misslich, dass nur die Finanzierung aus Brüssel kam, die Schaukeln jedoch vor Ort gefertigt wurden nach dem Beihilfekodex für die thessalische Betonstahlproduktion. Sicher war auch unter dem Eindruck der Krise die Fliehkraft im ganzen Land zu groß. Jedenfalls brach gleich die erste Schaukel beim Probelauf und schleuderte die Ehefrau des Schaustellers dreiundzwanzig Meter weit in eine illegale Mülldeponie. «Seither beziehe ich Witwenrente vom griechischen Staat, eine weitere vom Stahlwerk und eine dritte vom europäischen Beihilfefonds für die Erhaltung des traditionellen Schaustellergewerbes.» Glückwunsch! Außerdem nimmt Liberopoulos seit dem Unfall reichlich Fakelaki entgegen, die gutgefüllten Umschläge, und zwar von Freunden, die lästige Verwandte auf seinen Schaukeln auf die Reise schicken wollen. Auch die thessalische Produktionsfirma befindet sich im Aufwind.

101

In Behörden und Firmen haben wir den weltweit höchsten Pro-Kopf-Verbrauch an Papier. Ist das etwa kein Grund, stolz zu sein?

STELIOS MACHLAS, VERWALTUNGSFORSCHER

Griechify
your Papierkrieg

Formulare lieben und vermehren

GRIECHIFY-TIPP:

Papierkrieg lieben. Je mehr Papier verwendet wird, desto wichtiger ist eine Institution oder ein Mitarbeiter. Desto mehr Geld steht ihm zu. Das hat bisher nur der griechische Staat gesetzlich verankert, doch es ist ein Naturgesetz. Orang-Utans, Gorillas, Schimpansen raffen das ins Gehege geworfene Papier und umgeben sich damit als Statussymbol. Wild lebende Primaten in Regenwäldern und Savannen sammeln die von Naturschützern zurückgelassenen Folien und Papierreste und statten damit ihre Refugien aus. «Papierkrieg ist ein falsches Wort», erklärt der Experte Machlas. «Es handelt sich um Papierliebe.» Die Welt braucht Liebe! So können wir sie vermehren: EU-Gesetze kopieren und verteilen. Vorschriften zur Informationspflicht und Überprüfbarkeit einhalten. Rätselhafte Formulare mehrfach ausdrucken und an alle Mitarbeiter verteilen. Gespräche schriftlich dokumentieren, natürlich nicht reale, sondern die dafür im Web zur Verfügung gestellten Textbausteine verwenden und im Random-Verfahren neu zusammenfügen (Bullshit-Software!). Nichts am Bildschirm lesen, das ist schlecht für die Augen; alles ausdrucken und zu den Akten legen. Druckaufträge großzügig kalkulieren und Belegexemplare in ausreichender Menge bevorraten. Übrigens, nach griechischem Vorbild immer chlorgebleichtes Papier verwenden, das macht mehr Eindruck. Recyclingpapier niemals beschriften, sondern dem Recyclingprozess zuführen – dafür ist es schließlich da.

Griechisch darf sich nennen, wer die Saiten des Apoll zu schlagen weiß, wer den Streithelm der Athene trägt oder den Rebensaft von den Hängen Thrakiens schlürft.

VITSENTZOS KORNAROS, BAROCKDICHTER

Griechify
your Nachwuchs

Euroknete für die Kleinsten einstreichen

GRIECHIFY-TIPP:

Griechifizierung mit Rebensaft ist am einfachsten. Doch viele Menschen wollen auf Nummer sicher gehen. Deshalb nimmt, seit die Europäische Zentralbank Sondergelder für griechische Bürger bereitstellt, die Bevölkerung des Landes sprunghaft zu. Nicht nur Zuwanderer aus Afrika, Kleinasien, aus dem Balkan und den Nachfolgestaaten der Sowjetunion suchen Schutz unter der Fülle über Hellas ausgespannter Rettungsschirme. Auch Bürger aus anderen EU-Staaten beantragen mittlerweile die griechische Staatsbürgerschaft oder bemühen sich, wenigstens ihren Nachwuchs zu griechifizieren. Über griechische Gebärkliniken kommt es wie eine Flutwelle. Für die rasche Erweiterung regionaler Gebärkliniken stellt Brüssel Gelder bereit über die «Investitionsbeihilfe zur Erstellung oder Modernisierung schon vorhandener Einrichtungen zur Frauenheilkunde und Geburtshilfe im europäischen Integrationsprozess». Der Integrationsprozess gelingt am schnellsten, wenn das Team im Kreißsaal mit gefütterten Briefumschlägen ausgestattet wird. Dann – und nur dann – wird das Neugeborene, in Anlehnung an den antiken Bacchus-Kult, für wenige Sekunden mit einem Athener Helm, einer Leier und einem Weinglas ausgestattet, so fotografiert, und gilt damit nachweislich als echter Grieche mit sämtlichen von der EU garantierten Sonderrechten. Eine Klage auf Gewährung von Unterstützungszahlungen für Trinker griechischen Weines ist beim Europäischen Gerichtshof anhängig.

Nach unserer Weisheit lechzt die Welt.

MARIA DALARAS, ASTROLOGIN

Griechify
your Wahrsage-kunst

Dialekt und Folklore zur Arbeits-vermeidung einsetzen

GRIECHIFY-TIPP:

Unter griechischem Namen dazuverdienen. Das Orakel von Delphi ist bis heute die berühmteste Weissagestätte der Welt. Die Namen griechischer Hellseher wie Kassandra und die Sybille, Teiresias und die Pythia haben zumindest im Kreuzworträtsel überlebt. Und die populärste Kunst der Zukunfts-deutung hat ihre Wurzeln im alten Griechenland: die Astrologie. Wahrsagerinnen, Kartenlegerinnen und Sterndeuterinnen geben ihren Namen häufig einen griechischen Klang, um von dem Nim-bus zu profitieren. Und nicht nur vom Nimbus! Nach der «Verord-nung zur Traditionspflege im europäischen Kulturaustausch» wird altgriechische Wahrsagekunst mit europäischen Geldern unter-stützt. Was benötigen wir dazu, die wir auch ein paar europäische Gelder bekommen oder zurückerhalten möchten, denn uns sind sie ja abgezogen worden? Da Astrologen ausdrücklich von der För-derung ausgenommen sind, geben wir uns als traditionelle Seher aus. Diese lasen bekanntlich aus den Eingeweiden eines Schlacht-tieres (ein an Fleischtresen aufgenommenes Foto gilt als beweis-kräftig), deuteten die Zukunft aus dem Vogelflug (Foto aus der freien Natur reicht) oder lasen die Zukunft eines Neugeborenen aus dessen Exkrementen (Abstrich einreichen). Bis die Förder-gelder fließen, Geld über Pay Per Click einströmen lassen: Vor der Webkamera unter griechischem Namen – Madame Sousatzka, Doktor Delphi – vorhandene Astrotexte mixen.

Wir sind nicht die Erfinder der Ausrede. Aber niemand kann leugnen, dass wir es darin zur Meisterschaft gebracht haben.
DEMIS MAKOS, KOMMUNIKATIONSDESIGNER

Griechify
your Ausreden
Zehennägel auf EU-Norm kürzen

Für Arme reicht Sokrates. Sein schlaues Wort «Ich weiß nur, dass ich nichts weiß» ist nach einer Studie zum Kulturaustausch die europaweit gebräuchlichste Entschuldigung. «Wenn Griechenland für jeden Gebrauch dieser Floskel nur einen halben Cent bekäme», hat Studienleiter Demis Makos errechnet, «wären heute alle europäischen Länder Bittsteller in Athen. Und so sollten sie sich auch fühlen!» In Griechenland selbst wird der Satz des Sokrates selten gebraucht, da der Philosoph im Land verblüffend unbekannt ist oder für einen Schmarotzer gehalten wird (landeseigener Jargon: «Siffokles»). Doch die Griechen sind kreativ im Erfinden von Ausreden und veranstalten einen Wettbewerb, der die besten zehn jährlich preiskrönt. Zuletzt machten Europa-bezogene Entschuldigungen das Rennen: «Nach der neuen EU-Verordnung musste ich die Krötenwanderung abwarten, ehe ich weiterfahren durfte», «Ich musste mir noch die Zehennägel auf EU-Norm kürzen» oder «Wir mussten neue Gelder bei der EZB beantragen». Traditionelle poetische Entschuldigungen – «Eine Quellnymphe hat mich in ein Gespräch verwickelt», «Ich bin in ein euklidisches Zeitloch gefallen» – bleiben zurück hinter ironischen Europabezügen: «Ich musste das neue Übereinkommen zur Verbreitung, Unterstützung und Förderung der illegalen, nicht gemeldeten und unregulierten Fischerei studieren.» Die meistgenutzte Entschuldigungsquelle ist, täglich aktualisiert, unter dem Stichwort «Eur-Lex» abrufbar.

Wer sich selbst quält, ist dumm. Wer andere quält, wird reich.
ARTEMIS PAPATHANASSIOU, GESANGSDOZENT

Griechify
your Stimme

Die kreative Macht der Folter nutzen

GRIECHIFY-TIPP:

Töne gezielt verfehlen. Man weiß es von Vicky Leandros, Demis Roussos, Kostas Cordalis und anderen Stars: Griechische Stimmen haben einen eigenen widerstehlichen Charme. Sie klingen kratzig, quietschig, heiser, belegt und gedrückt, so als seien die Stimmbänder geschwollen, verklebt und entzündet. Tatsächlich ist das auch fast immer der Fall. «Unsere Sänger verdienen ihr Geld nicht durch Gefälligkeit», betont der Fachmann Artemis Papathanassiou, «sondern indem sie schinden und quälen, natürlich nicht sich selbst, sondern ihr Publikum.» Wer jemals mit der Athener U-Bahn gefahren ist, hat bemerkt, wie schnell die Mitreisenden das Portemonnaie zücken, sobald ein Sänger den Mund zu öffnen droht. Es geht um Schweigegeld. Die Sänger («Ramboetikos») schlüpfen unmittelbar vor dem Türschließen ins Abteil, damit kein Entkommen möglich ist. Auf der Straße überzeugen sie durch Lautstärke. Ob sie Bouzouki, Gitarre, Baglamas, Akkordeon oder Geige dabeihaben, gestimmt ist keines der Instrumente, und welchen Ton sie auch stimmlich anpeilen, sie treffen ihn nicht. «Unterkiefer verkeilen, Bauch einziehen, flach atmen, Kehlkopf nach oben pressen und emotional werden – das bringt Geld», lehrt Papathanassiou. Natürlich auch in Einkaufszonen, Unterführungen und sogar bei den neu aufgestellten Athener Parkuhren. «Wenn ein griechischer Sänger eine Parkuhr anröhrt, sinkt sie zu Boden und gibt ihr gesamtes Geld preis.» Bei Anfängern stellte sich das Wehgeschrei von selbst ein, wenn sie dem Geheimtipp folgen und ein Ei in Ouzo verquirlen.

Stempel aus Baumrinde und Kautschuk hat es bei uns seit der Bronzezeit gegeben. Es wird sie noch geben, wenn wir die EU begraben haben.

DEMIS ANTZAS, MINISTER

Griechify
your Dokumente
Zeugnisse selbst beglaubigen

GRIECHIFY-TIPP:

Gültigkeit zweifelhafter Papiere selbst herstellen. Stempel sind in Mitteleuropa so gut wie abgeschafft. Leider. Es sei typisch, klagt Demis Antzas, stellvertretender Minister für das griechische Stempelwesen, «dass Brüssel ohne Grund alte Traditionen über Bord wirft, an denen unendlich viel Liebe, Herzblut und Hingabe hängen». In Athen bleibt die Tradition bestehen. Die Griechen ehren nicht nur den Beruf des Stempelschneiders. Sie verbringen auch daheim viel Zeit mit dem Hobby des Stempelns und begeben sich auf Stempelbehörden, um Dokumente unklarer Herkunft, schwer durchschaubare Zeugnisse und unleserliche Handschriften offiziell abstempeln und so für gültig erklären zu lassen. Je kühner das Ansinnen ist («Hiermit vermacht mein Nachbar mir Hab und Gut und seine Tochter zum Ersten des kommenden Monats»), desto dicker muss der Umschlag gefüttert sein, den der Stempelbeamte verlangt. Erst nach Akzeptanz der Summe oder einer fälligen Nachzahlung wird die Stempelberechtigung erteilt. Das Dokument hat dann höchste Gültigkeit. Gewarnt wird allerdings vor freien Stemplern, die am Straßenrand und in der Provinz lungern. Sie dürfen nur tätig werden, wenn sie zum Stempler-Orden gehören. Vorsicht auch bei der Deutung von Dokumenten: Der Stempel auf dem Schild «Orangensaft 1 Euro» belegt, dass das Schild echt ist, über die Zusammensetzung des Getränks wird damit nichts ausgesagt.

Die wahre Zeit im Leben ist die Zeit des Suchens. Herr, lass mich niemals Finder sein.

TRADITIONELLE GEBETSFORMEL DES
GRIECHISCH-ORTHODOXEN PATRIARCHEN

Griechify
your Schreibtisch

Verantwortung abschieben,
aber gekonnt

Verstecken, verkramen, verlegen. Ein unaufgeräumter Schreibtisch macht Eindruck, bringt Bedenkzeit und verschafft Respekt – vor allem dem Schöpfer der Zettelberge, dessen Kunden und Kollegen in Verehrung verharren, während sie auf eine schwierige Auskunft lange warten müssen oder wenn sie einzusehen haben, dass in der Fülle wichtiger Akten ihre eigene an Irrelevanz zugrunde gegangen ist. Das griechische Wort Chaos bezeichnet den Ursprung aller Kreativität. Ein Schreibtisch lässt auf die Kreativität seines Nutzers schließen, sobald im Reichtum der Unterlagen («Unterlage» von «unter etwas anderes legen») Schreibblock und Stift nicht mehr zu finden sind und auch die Maus nur noch durch behutsames Ziehen an der Schnur zu orten ist. Wenn das Telefon durch akustische Signale lokalisierbar ist («Ey, Kollege, kannst du mich mal eben anrufen»), war es nicht gut genug verborgen. In Griechenland bemühen sich traditionell Archäologen um die Fragen der Schreibtischschichtung und erforschen mit Geldern aus dem EU-Kulturfonds, in welcher chronologischen Reihenfolge die Kaffeetasse eines Nutzers die Vielfalt sich überschneidender Ränder auf Aktendeckeln und Papieren hinterlassen hat. Locher, Hefter und Büroklammern bilden die Basis der Berge, die pyramidal, kegelförmig oder – fast zu einfach – als Tafelberge aufgeschichtet werden. Gutgebaute Berge bieten Sichtschutz und erklären von selbst, weshalb Arbeit an den Kleinkrämer mit dem leeren Tisch dahinten zu delegieren ist.

In Europa bringen Berufsanfänger oft falsche Erwartungen mit.
In Griechenland weiß jeder, dass es um gar nichts geht.

MARINELLA GASASIDIS, ORGANISATIONSSOZIOLOGIN

Griechify
your Neuling

Zeitarbeitern und Praktikanten
zuprosten – die arbeiten noch

**GRIECHIFY-
TIPP:**

Funktionsweise von Kaffeeautomaten studieren. Griechische Betriebe gelten weltweit als vorbildlich, was den Umgang mit Berufsanfängern und Praktikanten betrifft. Nirgends wird ihnen der Einstieg so leichtgemacht. In anderen Ländern müssen Absolventen von Berufsschulen und Universitäten oft feststellen, dass ihr theoretisches Wissen im Widerspruch zur Unternehmensrealität steht. «Dieser Widerspruch kann in Griechenland nicht entstehen», erklärt Expertin Marinella Gasasidis stolz. «Denn die Berufsschüler bringen garantiert kein Wissen mit, und das Unternehmen hat bestimmt nichts mit Realität zu tun.» Im als rückständig angesehenen Mitteleuropa vergeuden Volontäre und Einsteiger leider nach wie vor viel Zeit damit, sich mit ohnehin unlösbaren Problemen herumzuschlagen wie Organisation, Zielsetzung, Initiative, Risikobereitschaft, Zeitmanagement und Kommunikationsverhalten. «Wir zeigen ihnen einfach den Kühlschrank», kürzt Frau Gasasidis ab. Die Prüfungsfragen nach dem Ablauf des ersten Jahres lauten dann etwa: Welches Joghurt für den Chef? Warum gehört Schokolade nicht in die Mikrowelle? Welche Taste für Kaffee schwarz? «Aber», beruhigt die Expertin Kandidaten, die es da mit der Angst kriegen, «Ihr Gehalt wird so oder so von der EU garantiert.»

Lob ist die eleganteste Form des Delegierens.
PASHALIS NIOPLIAS, ATTISCHER COACH

Griechify
your Lobes-
hymnen

Wie man die Ehre den anderen überlässt

Kinder, Partner, Untergebene und Chefs immer für genau das loben, was sie tun sollen. Wer selbst nicht arbeiten möchte, erklärt Coach Nioplias, «der muss loben, selbst wenn es schwerfällt, und eigentlich fällt es immer schwer». Ein wenig Anstrengung lässt sich also nicht vermeiden, doch «Lob ist wahrhaftig die einzige Arbeit, die wir nicht delegieren sollten». Die griechische Lobeskultur ist älter als die deutsche, wo bis heute die Abwesenheit von Kritik die einzige Motivation bleibt. «Wer sich darauf verlässt, muss selbst arbeiten», bedauert Nioplias. Ganz anders im Land mit der ältesten europäischen Erfahrung in der Sklavenhaltung. Sokrates bereits lobte seine Leibeigenen, «weil sie sich dann wichtiger fühlen, eifriger arbeiten und sich nicht beklagen». Solche Leibeigenen wollen wir auch. Neurologische Studien an der Universität Piräus haben jetzt bestätigt: Im Gehirn, zumindest in dem von Griechen, gibt es ein «Belohnungszentrum», das Stresshormone ausschüttet, wenn es nicht mit Anerkennung gefüttert wird. Bei Lob schickt es hingegen Botenstoffe für Ehrgeiz, Konzentration und Einsatzbereitschaft. Und das möchten wir sehen bei den Kollegen, denen wir unsere Arbeit abtreten. Die Lobesformeln müssen, so Nioplias, den individuellen Beitrag hervorheben: «Dein Anteil hat entscheidend zum Erfolg beigetragen», «Ohne Ihre Leistungsfähigkeit wäre das ganze Projekt gestorben» oder «Du bist hier ganz klar der entscheidende Faktor!». Ungünstig dagegen: «Wenn du nicht hier wärst, müsste ich was tun.»

119

Oh, Kinder Attikas, die ihr das Leiden gen Himmel klagt, mögen die Götter euch Gunst gewähren und die Menschen euch reich entlohnen.

SOPHOKLES, TRAGÖDIENDICHTER

Griechify
your Schauspiel-kunst

Schwächeanfälle richtig timen!

GRIECHIFY-TIPP:

Klagend leiden und Arbeit vermeiden. Auf die überzeugende Darstellung des Leidens allerdings kommt es an. Die Griechen bleiben darin ein unerreichbares Vorbild. Als die Schuldenkrise ruchbar wurde und eine Präsenzpflicht am Arbeitsplatz an wenigstens zwei Tagen pro Woche eingeführt werden sollte, kam es zu einem besorgniserregenden landesweiten Ausbruch von Krankheiten. Tinnitus, Schwindelanfälle, Gedächtnisverlust und Gelenkschmerzen waren noch die geringsten Symptome, mit denen gesunde Frauen und Männer sich krankmeldeten. Gravierender waren die wie ein Flächenbrand auftretenden Anzeichen für Gehirntumore, Gefäßerkrankungen, Parkinson, Blutgerinnungsstörungen, Alzheimer, Diabetes, sogar jetzt erst entdeckter Geburtsfehler sowie der klassischen griechischen Krankheit Epilepsie. «Dreitausend Jahre Training lassen sich von den anderen EU-Ländern nicht aufholen – und vor allem nicht durchschauen!», freut sich Sofoklis Gonatas, Lehrbeauftragter für Simulation an den Universitäten Attikas. Er spricht eine schmerzliche Wahrheit aus. Sowohl das Theater (griechisches Wort), die Tragödie (griechisch) und Komödie (ebenfalls) sind griechischen Ursprungs – als auch die tiefe Kenntnis und Nutzung der Psychosomatik (griechisches Wort). Was können wir tun? «Üben», rät der Experte. «Fangen Sie erst mal mit einem Hörsturz an.»

Ein Volk, das die Olympiade erfunden hat, muss nicht auch noch Sport treiben.

<small>DEMETRIOS BIKELOS, ERSTER IOC-PRÄSIDENT</small>

Griechify
your Ausgleichs-sport

Die Naturkraft der Faulheit nutzen

Wo nichts auszugleichen ist, erübrigt sich der Ausgleichssport. Der Hinweis auf die Olympiade hilft weiter. Eine Olympiade bezeichnet im Wortsinn den freien Zeitraum zwischen zwei olympischen Wettbewerben. Die sportlichen Spiele selbst waren eine Erfindung der Perser, die mehrjährige Erholungspause dazwischen die der Griechen. Sie basiert auf den berühmten Worten des Naturphilosophen Demokrit: «Die Ruhepause steht am Anfang des Handelns; bei den Weisen bleibt das gesamte Handeln eine einzige Ruhepause.» Ein prominenter Kollege aus Fernost bestätigt diese Erkenntnis glücklicherweise: «Nicht-Handeln» sei das Ziel, hat Laotse geäußert und behauptet: «Im Nicht-Handeln bleibt nichts ungetan.» Die meisten kennen weder den hauseigenen Demokrit noch den Chinesen. Doch sie benötigen diese Kenntnis auch nicht. Griechen verweilen von Natur aus im Nicht-Handeln. Sie ziehen die freie Zeit der Olympiade den hektischen Spielen vor. Und sie schätzen den Platz auf der Bank mehr als die Hatz des Joggers. Längst ist auch in Rest-Europa bekannt, dass Sportler zwar nicht früher sterben, aber länger leiden. Berufssportler vom dreißigsten Lebensjahr an, gemäßigte Sportler vom vierzigsten und Jogger vom fünfzigsten. Gleichwohl gibt es laufende Zahlungen aus dem EU-Strukturfonds zur Förderung des Sports. In Griechenland werden sie sicher am weisesten verwendet. Der Herr auf der Bank hat seinen Anteil gerade bekommen.

Dem Zugriff des Schicksals entrückt, wirst du dein Glück finden, o stolzer Grieche! Nur Liebenden sei es bestimmt, dich zu entdecken!

Miltos Sachtouris, Lyriker

Griechify
your Versteck

Die besten Rastplätze im Unternehmen aufspüren

GRIECHIFY-TIPP:

Sich dem Zugriff des Schicksals entziehen. Bald nach dem Beitritt zur Europäischen Wirtschaftsgemeinschaft vor dreißig Jahren entwickelten die Griechen neue Spiele: Brettspiele, Ballspiele und Gesellschaftsspiele, die den sehnlichen Wunsch nach europäischer Integration ausdrückten. Das Spiel, das sich mit Abstand als das beliebteste herausstellte, gilt mittlerweile als Weltkulturerbe. Es heißt: «Der EU-Kommissar kommt!» Arbeiter und Angestellte gingen anfangs davon aus, ein EU-Kommissar wolle wie eine Art Oberpolizist die Arbeit kontrollieren, während er in Wahrheit nur essen, trinken und Sex haben möchte. Doch die Spiel-Idee ist geblieben. Wenn an einem schläfrigen Arbeitstag der Ruf erschallt: «Der EU-Kommissar kommt!», müssen alle Anwesenden – oft bis zu sieben Prozent der auf den Gehaltslisten geführten Personen – so rasch wie möglich ein Versteck aufsuchen. Gewonnen hat, wer als Allerletzter von der einzigen tätigen Kraft, der albanischen Putzfrau, gefunden wird. Berühmt geworden ist der Fall des deutschen EU-Kommissars Martin Bangemann. Des Griechischen nicht mächtig, schloss er sich verdutzt dem Spiel an, das gerade im Gange war, als er einen Betrieb betrat. Bangemann versteckte sich – und gewann! Mit reichlich Futter und einem Empfänger für Spezialprogramme ausgestattet, harrte er bis Monatsende in einer Besenkammer aus. Eine Plakette erinnert bis heute an diesen letzten deutschen Sieg von 1998.

Fahren Sie rechts ran und geben Sie mir einen Umschlag.
EINZIGER SATZ, DEN GRIECHISCHE POLIZISTEN IN
FÜNF SPRACHEN BEHERRSCHEN

Griechify
your Verkehrs-sünden

Griechisches Handwerk üben: Aufhalten, Schmieren, in Unschuld waschen

GRIECHIFY-TIPP:

Fakelaki-System erlernen. Einer der reichsten Männer Griechenlands ist der oberste Verwalter der Verkehrssünderkartei. Im Unterschied zu anderen Ländern werden Verkehrsverstöße in Griechenland noch traditionell auf Papier dokumentiert. Der Vorteil liegt auf der Hand: Weil es keine Back-ups gibt, ermöglicht das Verfahren die rasche Korrektur von Einträgen. Auch Autofahrer aus anderen Ländern sollten das System kennen. Mit Bußgeldern belegt wird etwa das Rauchen in Anwesenheit von Kindern (bis zu 1500 Euro), das schnelle Durchfahren eines Rotlichtviertels (bis 800 Euro), die widerrechtliche Benutzung der Spur für Eselskarren (600 Euro) oder das mutwillige Anfahren junger (400 Euro) und älterer Mitbürger (7,95 Euro). Das sofortige Bezahlen der Polizisten reicht nicht. Wer seine Vergehen und die damit verbundenen Punkte (1 pro 100 Euro) löschen möchte, begibt sich zum Verkehrsverstoßüberwachungsamt, besorgt sich beim Pförtner gegen einen gefütterten Umschlag ein Passwort, geht zum Eingang der Aktenaufbewahrungsstelle und flüstert das Passwort – am besten mit Megaphon, denn der Chef hört gern Rembetiko. Anschließend können Punkte, drohender Führerscheinentzug und Haftstrafen gegen Spenden getilgt werden. Eine Delegation aus dem deutschen Zentralregister in Flensburg kam zu dem Schluss, das griechische System sei «interessant und im Sinne der Mitarbeiter nachahmenswert».

127

Körperliche Abwesenheit ist vorteilhafter als Geistesgegenwart.
PLUTARCH, GRIECHISCHER AUTOR

Griechify
your Präsenzpflicht

Abwesenheit als Kompetenzsicherung deklarieren

Abwesend sein. Etwa drei Viertel der Bürogebäude in Athen stehen leer. Errichtet wurden sie mit Fördergeldern der EU für Zwecke, die vermutlich in den nächsten Jahren ermittelt werden. Wahrscheinlich werden die Behörden dem stärkeren Zusammenwachsen, der Stabilität und Kompetenzsicherung dienen. Aus Liebe zur gesamteuropäischen Integration hat die griechische Regierung in jedem der Bürotürme bis zu achthundert Mitarbeiter untergebracht, die sich «für Detailsteuerung und makroökonomische Fragen» interessieren. Natürlich gibt es diese Mitarbeiter nur auf dem Papier. «Doch wir werden sie schon finden, falls man sie sucht», heißt es aus dem Athener Europaministerium. «Bis dahin wäre es unökonomisch, die Gebäude im Sommer zu klimatisieren und im Winter zu heizen.» Unklar bleibt, wo sich die insgesamt siebentausend Unbeschäftigten real befinden, deren Gehälter immerhin monatlich aus Brüssel überwiesen werden. Gewöhnlich jedoch gelangt das Geld in Griechenland in die richtigen Hände. Übrigens gibt es in jedem der dreizehn «Euro-Türme» einen Mitarbeiter, der tatsächlich leibhaftig anwesend ist: den Fahrstuhlführer. Er hält sich für Besucher bereit, die von oben die Stadt betrachten möchten. Der letzte deutsche Gast war im Februar 2010 Guido Westerwelle. Er lobte den Blick und mehr noch «die Stille in den Räumen» und wurde zum Ehrenfahrstuhlführer ernannt. Das Amt antreten wird er turnusgemäß erst im kommenden Jahr.

*Im ganzen Universum gibt es nur einen einzigen triftigen Grund,
stundenlang ein Klo zu besetzen: griechisches Essen.*

DAVID SEDARIS, AUTOR

Griechify
your Speiseplan
Darmkrisen als Chancen sehen

Ouzo. Einst wurden die Ratgeberspalten bestürmt, später die Gesundheitsfragestunden im Fernsehen, mittlerweile debattiert man auf Websites darüber: «Woran liegt es, dass ich mich nach griechischem Essen keine zwei Meter mehr vom Klo entfernen darf?» An der Überdosis Knoblauch? An der matschigen Gurke im Tsatsiki? Am welken Gemüse? An den unidentifizierbaren Bestandteilen des Gyros? Am abgelagerten Krautsalat? Am Fett? Alles möglich. Doch in Wirklichkeit ist nur der Ouzo vergessen worden. Ouzo ist das Gegengift. Er muss vorweg getrunken werden, er muss dazu getrunken werden, er muss danach getrunken werden. Und auf dem Heimweg. Und beim ersten Klogang muss damit nachgespült werden, zur Desinfektion. Noch mehr Positives: «Ich war gestern beim Griechen» gilt nach einer Umfrage bei deutschen Büroleitern als die plausibelste Entschuldigung für das Fernbleiben an einem, zwei oder drei aufeinanderfolgenden Tagen. Die Bürochefs möchten den anderen Mitarbeitern obendrein die Knoblauchfahne des Betroffenen ersparen. Zum Kündigungsgrund wird griechisches Essen hingegen, «wenn es an mehr als zwei Tagen in der Woche ohne Absprache in der Mittagspause eingenommen wird» (Urteil des Bundesarbeitsgerichtes vom 25. 3. 2011, 9 AZR 711 / 08). Vor dem Ausscheiden (aus der Firma) ist der Mitarbeiter noch «verantwortlich für die Reinigung der sanitären Einrichtungen».

Die Zufriedenheit der Menschen wäre das Ende der Götter.
EURIPIDES, ANTIKER DICHTER.

Die Zufriedenheit unserer Kunden wäre das Ende des Unternehmens.
NIKOLAOS TSORVAS, SERVICEBETREIBER

Griechify
your Warteschleife
Mühelos Schäferstunden erschließen

Warteschleifen genießen lernen. Die griechische Kreativität ist anarchisch. Einen großartigen Beweis lieferten zwei Brüder im Frühjahr 2011 am Fuß des Parnassgebirges nahe Delphi, in jener dürren Region, die von Schafzucht lebt. Nikolaos Tsorvas, ein Call-Center-Betreiber im nahen Patras, vermochte seinen älteren Bruder, einen Schafbauern, dazu zu überreden, für kurze Zeit einen Härtetest der Service Hotline einzurichten. Ein Dutzend geduldiger Schafe (etwas weniger als auf unserem Bild) bekamen Skype-Mikrophone umgeschnallt und durften damit gemächlich im Gehege umhertrotten (etwas freier als auf unserem Bild). Tsorvas schaltete darauf die Beschwerde-Hotline seiner Kabelnetzkunden für dreißig Minuten auf die Schafsmikrophone. Die Kunden konnten unmöglich etwas anderes hören als verdutztes Blöken, leises Schnaufen und einige Windgeräusche. Dennoch bewerteten sie anschließend die Kommunikation als überwiegend positiv (Durchschnittsnote 2,7), sogar deutlich besser als die Dialoge mit den menschlichen Service-Mitarbeitern (Note 3,5). «Die Kunden wollen gehört werden, egal von wem», schloss Tsorvas daraus. Seither speist er statt nervtötender Musik delphisches Schafsblöken und einen gelegentlichen Eselsschrei in die Warteschleifen. «Viele rufen jetzt nur noch an, um diesen Sound vom Parnass zu hören. Sie ahnen, dass Ihnen von der Hotline nicht zu helfen ist, auch nicht von Gott und schon gar nicht von Europa. Schafe genügen. Schafe sind besser. Lasst uns alle Schafe werden! Oder wenigstens bleiben.»

Ein wahrer Grieche weint am Grabe Alexanders, wenngleich der König vor zwei Jahrtausenden verstarb. Er bleibt doch ein Verwandter!

ARIS POULIANOS, ANTHROPOLOGE

Griechify
your Verwandt- schaft

Verstorbenen posthum Lebenssinn geben

GRIECHIFY- TIPP:

Verwandtschaft erweitern. Die Familie spielt in Griechenland eine wichtige Rolle, vor allem beim Eintreiben von Geldern und Erstreiten freier Tage. Ein Grieche hat keine größere Familie als ein Däne, doch er zieht den Kreis sehr viel weiter. Das fiel zu Beginn der Finanzkrise durch den Umstand auf, dass gesunde Griechen jugendlichen Alters beträchtliche Sondergelder bezogen für Behinderung, Altersgebrechen, Frührenten, Krankenhausaufenthalte, Kuren, Rehabilitationen, Rollstühle, Herzschrittmacher und Jubiläumszahlungen vom fünfzigsten bis zum hundertsten Geburtstag, und zwar in jedem einzelnen Monat. Diesen Zahlungsempfängern war es offenbar gelungen, sich als Finanzverwalter eines gigantischen Verwandtennetzwerks darzustellen. Andere hatten dieselbe Idee. Hochgerechnet von der Beantragung der Gelder, müsste die Bevölkerung Griechenlands dreiundzwanzigmal so groß sein, wie sie ist – und elfmal so alt. Diese Größenordnung entsteht, weil die Griechen sich auch Gehälter und Rentenzahlungen für längst verblichene Ahnen überweisen lassen. Können wir das nachahmen? Ja, doch wir müssen behutsam beginnen. Erst mal nur weinen, wenn ein Vetter dritten Grades verstorben ist; besorgt sein, wenn die Schwippschwägerin einer fernen Nichte sich darniederliegt. Herzlich schluchzen um ein vor hundert Jahren verstorbenes Kind. Es gibt immer etwas, das uns Mitleid, Trauertage und Bonuszahlungen eintragen kann. Von den Griechen lernen heißt frei bekommen!

135

*Die Natur ist gleichgültig gegenüber unserem Wohlbefinden;
deshalb ist es im Einklang mit der Natur, wenn wir auch
gleichgültig gegenüber ihrem Wohlbefinden sind.*

ELENA SAMPRAS, TOURISMUSMINISTERIN

Griechify
your CO$_2$-Bilanz
Klimafreundlichkeit des Nichtstuns vergüten lassen

GRIECHIFY-TIPP: Im Bett bleiben. Greenpeace hat Griechenland das schlechteste Zeugnis ausgestellt. Keiner versteht, weshalb. Etwa weil überall wilde Mülldeponien entstehen? Das bringt Farbe ins eintönige staubige Land! Weil die Fischer so engmaschige Netze verwenden, dass auch winzigste Jungfische gefangen werden und die Arten sich nicht mehr reproduzieren? Das bringt Klarheit und Stille ins Meer! Weil die Wälder angezündet werden? Das riecht so schön würzig und bringt weites Bauland! Weil Altöl einfach in den Boden entsorgt wird? Das schafft neue Ölvorkommen! Weil mitten in den Naturschutzgebieten Hotels erbaut werden? Das bringt hochpreisige Grundstücke in ersten Lagen! Oder weil für untergangene Kreuzfahrtschiffe die Bergungskosten kassiert werden, die Bergung aber nicht stattfindet, weil das Geld in der Familie des Bürgermeisters gebraucht wird, sodass das gesunkene Schiff mit seinen Ölvorräten bald das Meer verpesten wird? Na, das wird immerhin die E U aufmerksam machen! Und darum geht es schließlich uns Griechen und Griechifyern: mehr Geld zu bekommen, unseretwegen auch zum Schutz der Natur. Wer die Natur bewahren will wie graue Nordeuropäer, der soll dafür zahlen. «Wir selbst tun auch etwas für die Ökologie», sagt Naturschützer Michalis Tremopoulos. «Wir faulenzen. Wer schläft, statt zur Arbeit zu fahren, verbessert die eigene CO$_2$-Bilanz.» Ja, dann machen wir das doch einfach auch!

*Befreien wir uns aus dem Gefängnis der Alltagsgeschäfte!
Liebliches Bummeln und Schmausereien sind der Zweck unseres
Daseins!*

EPIKUR, PHILOSOPH

Griechify
your Sabotage
Gut dosiert Systemausfälle hervorrufen

GRIECHIFY-TIPP:

Möglichkeiten der Arbeit streng reduzieren. Seit die EU Subventionen bereitstellt und Garantien übernimmt, wagen sich internationale Konzerne nach Griechenland. Sie bringen etwas mit, das überall unbeliebt ist und in Griechenland auf hartnäckigen Widerstand stößt: Arbeit. Einige Konzerne hegen sogar die Vorstellung, diese solle zu Ergebnissen führen. «Das ist wider die Natur», erklärt Gewerkschaftsführerin Toula Vardalos. «In der Natur gibt es niemals Ergebnisse, da sich alles in fortwährender Veränderung befindet. Die Natur arbeitet nicht, sie lebt einfach. Und nichts anderes wollen wir auch.» Das klingt nachvollziehbar. Leider nicht für die Firma. Um deren Ergebnisorientierung zu korrigieren und die Konzernleitung damit vertraut zu machen, dass in Griechenland nichts irgendwohin führt außer ins geliebte Chaos, haben Athener Gewerkschafter einen Katalog mit unkomplizierten Boykottmaßnahmen erstellt. Die vorgeschlagenen Schritte sind so einfach, dass auch wir nordeuropäischen Dilettanten sie nachahmen können. Beispiele: Hauptkabel für die Internetleitung auskundschaften, Telefonverteilerdose orten, Rauchmelder anpeilen, Alarmanlagen erkunden, Hauptsicherungskästen ausspionieren, Nothaltknöpfe und ihre Auswirkungen studieren, auf der Fertigungsstrecke die Stellen erforschen, an denen ein hineinfallender Schraubenzieher das ganze Räderwerk und also die Produktion lahmlegen kann. Und dann los – aus dem Gefängnis der Alltagsgeschäfte befreien!

Ich wünsche dir Gesundheit, Freund, doch leider lässt sich damit nichts verdienen!

MELEAGROS VON GADARA, EPIGRAMMDICHTER

Griechify
your Sicherheit

Kreativ leiden

GRIECHIFY-TIPP:

Allergisch reagieren. Das Wort «Arbeitssicherheit» war in Griechenland lange unbekannt, weil weder der eine Begriff («Arbeit») noch der andere («Sicherheit») in der Umgangssprache vorkommt. In der Übersetzung der Maastricht-Verträge wurde das Wort irrtümlich aus den Worten «Sklaverei» (in Griechenland üblich für «Arbeit») und «Zusicherung» (statt «Sicherheit») zusammengefügt. Dieser Irrtum erklärt, weshalb die Griechen bis Ende der neunziger Jahre darauf beharrten, dass ihnen endlich «die von der EU zugesicherten Sklaven» zur Verfügung gestellt würden. Die Versklavung fremder Völkern zählte zu den Errungenschaften des antiken Griechenlands. Sie wiederherzustellen, sei im Passus der «Sklavenzusicherung» versprochen worden. Erst bei einer Neuübersetzung 2003 wurde die enttäuschende Tatsache offenbar, dass den Griechen lediglich «Arbeitssicherheit» empfohlen worden war. Immerhin konnte auch aus dieser europäischen Norm Gewinn geschöpft werden. So schnellten die Krankmeldungen wegen mangelnder Arbeitssicherheit nach 2003 rapide in die Höhe. Brüssel gewährte bislang Entschädigungszahlungen für Maushand, Karpaltunnelsyndrom, Kugelschreiberdruckempfindlichkeit, Drehstuhlschwindel, Tastaturphobie, kumulative Traumata und für die 2010 erstmals in Athen aufgetretene und epidemisch um sich greifende «Papierabriebempfindlichkeit in Kreuzallergie mit Flachbildschirmstrahlung». Danke, erfindungsreiche Freunde!

Es ist genug, zu wissen; man muss nicht auch anwenden.
Es ist genug, zu wollen, man muss nicht auch noch tun.

DEMOSTHENES, ANTIKER RHETORIKER

Griechify
your Rhetorik

Mit Integrations-Phrasen
gekonnt einschläfern

**GRIECHIFY-
TIPP:**

Schwafeln. Rhetorik ist ein griechisches Wort. Es bezeichnete ursprünglich das Wachstum kletternder Schlinggewächse und wurde später auf den Redestil der attischen Völker übertragen. Die Rhetorik (wörtlich Winden, Würgen) gehört zu den natürlichen Begabungen der Griechen. Wollen wir sie nachahmen, um Vorgesetzte und Kollegen um den Verstand zu bringen, müssen wir üben. «Wenn Ihnen früher häufig gesagt wurde: Sabbel nicht so viel, was laberst du, hör auf zu schwafeln – dann haben sie eine glänzende Anlage», so Rhetoriklehrer Iljios Pentaglottis, Kulturbotschafter in Brüssel. «Sie sind auf dem richtigen Weg, wenn Sie beim Erzählen bemerken, wie der Blick Ihres Gegenübers glasig wird und Schweißperlen auf seine Stirn treten.» Zu den unerlässlichen Übungen gehört leider das Erlernen europäischer Hohlbegriffe und Leerformeln. «Wenn Sie Geld abschöpfen wollen, müssen Sie Vokabeln einstreuen wie ‹Strukturreform›, ‹Integrationsprozess›, ‹gemeinsame Außen- und Sicherheitspolitik›, ‹Kulturaustausch›, ‹dauerhafte Friedenssicherung› und immer wieder ‹im Gesamtzusammenhang›. Schüchtern Sie Ihren Chef ein durch freies Assoziieren zu Schlagworten wie ‹Menschenrechtskonvention›, ‹Gewissensfreiheit›, ‹Sitzungsprotokoll vom› – und dann nennen Sie irgendein Datum. Googlen Sie ‹europäische Integration› und lesen Sie sinnfrei vom Bildschirm ab. Ihr Chef wird Sie nie mehr belästigen und Ihr Gehalt auf das eines Europa-Abgeordneten steigern.»

Wir waren von jeher zu allem fähig und zu nichts zu gebrauchen.
KONSTANTIN I., KÖNIG VON GRIECHENLAND

Griechify
your Empfind-
samkeit

Die Mitleidsmasche nutzen, aber richtig

GRIECHIFY-TIPP:

Gereizt reagieren. Menschen griechischer Abstammung haben eine stark erhöhte Sensibilität des Gehörs und der Augen. Um Hörstürze abzuwenden, sollte man «ihnen nur sagen, was sie auch hören wollen», erklärt die EU-Sonderbeauftragte für Psychosomatik, Linda Konstantinidis. Und um ihre Erblindung zu verhindern, sollte man «ihnen nur vor Augen führen, was ihr Sehzentrum verarbeiten kann». Das mag ganz unterschiedlich sein. In europäischen Tagungshotels sehen ausgerechnet die griechische Gäste am längsten und häufigsten fern, am liebsten die zahlungspflichtigen Sonderprogramme. Da macht das Sehzentrum also mit, auch das Gehör, wie benachbarte Gäste bezeugen. In Büros werden beide Sinne empfindlich. Dort setzen sich spontan die Gehörgänge zu («Cerumenvorfall»), und die Augen beginnen zu tränen. Dass griechische Teilnehmer an EU-Debatten grundsätzlich mit Ohrstöpseln teilnehmen, leuchtet inzwischen auch anderen Nationen ein. Doch dass in Griechenland Ohrenschmalzkapseln erhältlich sind, die für eine kurzzeitige Ertaubung sorgen, welche sich nach der Krankschreibung auflöst, ist für die anderen Europäer eine neue, ermutigende Erkenntnis. Altertümlich, jedoch effektiv, wirken dagegen die Zwiebelhälften, die griechische Angestellte in Plastikdosen mit sich führen. Kurz vor das Auge gehalten, treten Schwellung und Rötung ein (der Augen, nicht der Zwiebel), die eine sofortige Krankschreibung wegen Bildschirmunverträglichkeit erzwingen.

Ein Grieche gehört immer dazu, mindestens einer.
ANDREAS PAPANDREOU, GRIECHISCHER PATRIOT

Griechify
your Inventar

Den Platz fürs Leben finden

GRIECHIFY-TIPP:

Grieche werden. Zum Inventar zu gehören (εν εγχαταστάσειν ανήχειν) ist das Ziel jedes griechischen Arbeitnehmers. Die Regierung unter Großvater Andreas Papandreou schrieb die lebenslange Unkündbarkeit jedes Griechen in die Verfassung. Der Passus wurde später abgeändert in die lebenslange Bezahlung jedes Griechen. In den europäischen Verträgen wurde an diesem Brauch nicht gerüttelt, bis im Krisenjahr 2010 deutlich wurde, dass die staatlichen Gehaltszahlungen bereits mit der Geburt beginnen, ja, oft schon vor der Geburt, sofern die Eltern «glaubhaft versichern, dass sie ein Kind planen oder der Planung nicht völlig ablehnend gegenüberstehen». Diese Klausel ist eine der vielen Erklärungen für die statistisch extrem sich vermehrende griechische Bevölkerung (die real stark zurückgeht) – und für die Schulden des Staates. Die EU hat nun eine Änderung der Zahlungsmodalitäten durchgesetzt, und zwar in Richtung des bedingungslosen Grundeinkommens, über das in Deutschland noch diskutiert wird. In Griechenland gibt es ab Januar 2012 für jeden Bürger das «bedingungslose Grund-, Haupt- und Nebeneinkommen». Aus Pietät nicht angetastet wurde die Versorgung der Hinterbliebenen zu Lebzeiten, auch derjenigen Hinterbliebenen, die noch nicht geboren sind. Wegen der landeseigenen Arbeitslosigkeit wird zurzeit überlegt, ob jede europäische Behörde pro Büro einen griechischen Staatsbürger einstellt, welcher der Landestradition gemäß als «Inventar» die Einrichtung ziert.

Griechen benötigen keine fremden Bücher, jeder Grieche ist selbst ein Buch.

EL GRECO, MALER

Griechify
your Bibliothek
Ein eigenes Buch schreiben

GRIECHIFY-TIPP:

Aussortieren. Von allen europäischen Ländern wird in Griechenland am wenigsten gelesen. Das liegt zum einen an der Legasthenie (neugriechisches Wort), die hier weltweit als Erstes auftrat, und zwar 1981, als die Gesetze des Europäischen Vertrages verteilt wurden. Zum anderen am Analphabetismus (altgriechisches Wort), der verblüffend hoch ist – oder hochgerechnet wird. Denn mit den Zahlen lässt sich der europäische «Fonds zur Förderung elementarer Kulturtechniken» gründlicher anzapfen, der allerdings ohnehin sonst nur noch von Rumänien in Anspruch genommen wird. Und schließlich tritt nur in Griechenland ein Phänomen auf, das die Behörden als «Altersanalphabetismus» bezeichnen (neues griechisches Wort). Gemeint ist eine im Erwachsenenalter auftretende, rasch wachsende Leseschwäche, die zur völligen Unfähigkeit wird, sobald Gesetzesvorschriften und Steuerbescheide entziffert werden sollen. Ein psychosomatischer Zusammenhang ist nicht ausgeschlossen. Jedenfalls hat es keinen Zweck, in Griechenland Bücher zu veröffentlichen, feilzubieten oder in einer Bibliothek auszustellen. Viele Deutsche, die einst dem Statussymbol der «Bücherwand» aufgesessen sind, beneiden die Griechen heute. Bildungsziel des Staates ist es jedoch, dass jeder Grieche ein Buch besitzt mit je einem Buchstaben des griechischen Alphabets auf jeder Seite, und zwar in der Reihenfolge des Namens des Buchbesitzers, ergänzt um wenige Zahlen. Denn, so verlangt die EU, eine Geburtsurkunde muss sein.

*Nicht die Musik, nicht die Dichtkunst, nicht die Philosophie –
der Flokati ist das Symbol unseres Landes!*

Maria Callas, Sängerin

Griechify
your Ambiente
Griechenland als höheres Selbst erkennen

**GRIECHIFY-
TIPP:**

Flokatis loben und meiden. Wir wissen nicht, wie ernst Maria Callas ihren Satz gemeint hat. Sicher ist, dass der Flokati eines der schadstoffreichsten Textilerzeugnisse ist, die in Europa noch nicht verboten wurden. Dass der Teppich traditionell von Kindern hergestellt wird, tut seiner Qualität keinen Abbruch. Trotzdem hat Brüssel der europäischen Textilverordnung jüngst ein Stirnrunzeln in Form einer Aktennotiz beigefügt. Stört niemanden. Der Flokati ist auch deshalb typisch, weil er in den siebziger Jahren zur Mode wurde, also in jener schlappen, durchhängenden, opportunistischen, rundum versorgten Ära, die für gar nichts außer ihre Schlaffheit berühmt geworden ist. Aber hey! Vielleicht ist das gar nicht so schlimm? Abschlaffen, durchhängen, opportunistisch sein, rundum versorgt werden – wollen wir das nicht alle? Aber ja! Deshalb zieht es uns ja zu den Griechen. Deshalb lieben wir ihren gewebten, haarenden Kulturnachweis! Natürlich nur auf symbolische Weise, denn der Flokati, sofern er aus authentischer griechischer Wolle besteht, bietet einer reichen Fauna Unterschlupf, die zwar winzig klein ist, aber trotzdem Bisswunden und rote Flecken auf der Haut verursacht. Der Flokati muss symbolisch bleiben, die paar griechischen Schmuckelemente, die jetzt in Tische geschnitzt und in Besteck graviert werden, dürfen sein. Denn wir möchten insgeheim zu echten Griechen reifen: der Arbeit dankbar entsagend, aller Pflichten enthoben, von anderen versorgt, dem Genuss des Lebens vorbehaltlos hingegeben.

Anhang

Die Sieben Griechen
Das uralte Geheimnis vom Olymp

Am heiligsten Berg Griechenlands, an den Hängen des Olymp,
wird seit Urzeiten ein magisches Geheimnis bewahrt: das
Geheimnis ewiger Jugend und Schönheit. Gehütet wird es nach
ehrwürdiger Tradition von sieben weisen Frauen und Männern.
Diese sieben Weisen sind – wie ihre Rentenpapiere belegen –
bereits viele hundert Jahre alt! Und doch wirken sie unvergleich-
lich schön und jugendlich. Wie, fragen sich immer wieder ehr-
fürchtige Besucher, machen sie das? Hier endlich ist die Antwort!
Hier ist das Geschenk der sieben Weisen an die Menschheit. An
uns alle, die wir Griechifyer sind oder werden wollen. Weil unsere
Zeit der Turbulenzen und des Umbruchs es erfordert, haben sich
die sieben nach reiflicher Überlegung zur Offenbarung des Myste-
riums bereit erklärt. Ihr Geheimnis besteht in sieben verblüffend
einfachen, jedoch hochwirksamen Energieübungen, auch Riten
genannt: den sogenannten «Sieben Griechen». Wer diese Riten
ausübt, erlebt vom ersten Tag an eine wundersame Verjüngung.
Schon nach der ersten Übung ist die kräftigende und energetisie-
rende Wirkung zu spüren! Wenige Minuten täglich genügen, um
in den vollen Genuss dieses verblüffenden Effektes zu gelangen.
Für das Demonstrieren der Übungen haben wir die sieben Hüter
des Geheimnisses persönlich gewinnen können.

1. Megapausikles

Der uralte Ritus des *Megapausikles* versinnbildlicht den wirbelnden Tanz göttlicher Energien. Der *Megapausikles* löst tiefsitzende Blockaden. Der Lebensfluss zu allen wichtigen Organen vor allem im Unterleib strömt wieder frei und unwiderstehlich. Megapausikles-Anhänger berichten von überschäumender Freude und aufbäumender Bewusstseinsentfaltung. Und so geht's: Gewicht auf ein Bein verlagern, das andere locker anwinkeln, einen Arm entspannt vorstrecken. In Griechenland wird diese Übung seit der Antike dazu verwendet, die Kühlschranktür zu öffnen und einen Pausensnack zu entnehmen. In archaischen Klöstern hatte sie obendrein spirituelle Bedeutung: Der Mönch, der Freigang hatte, grüßte so im Vorbeigehen den Bruder, der in der Zelle bleiben und die Arbeit tun musste. Unter dem weltlichen Namen *Abschiebifikles* wird der Ritus heute unter Kollegen in Ämtern und Behörden ausgeübt. Dauer: zwischen sieben und zwölf Sekunden.

2. Kleiner Ikaros

Der große Ikaros war jener Held, der einst von den Göttern aus beträchtlicher Höhe ins Meer geworfen wurde, zur individuellen Transformation und als Leckerbissen für die Fische. Der *Kleine Ikaros* erinnert an diesen geheimnisvollen Mythos. Arme und Hände werden in die Höhe gehoben, als solle ein Leckerbissen eingeworfen werden. Dabei wird ein Bein kurz angewinkelt, um den Verdauungsmeridian zu stimulieren. Wichtig für die Transzendenz des Emotionalkörpers: Die Übung sollte nicht im Leerlauf verharren, sondern tatsächlich dem Verzehr süßen Naschwerks dienen. Der Verzehr beschleunigt die Drehung der Chakren und lichtet das gesamte Aurafeld. Praktizierende berichten von organischer Evolution und gehobenem Appetit. Übungsdauer: mindestens fünf Sekunden. Wiederholung nach Vorrat und Geschmack.

3. Säule von Korinth

Dieser geheimnisumwobene Ritus ist überall in griechischen Ämtern und Behörden zu beobachten und fand über Abgesandte der Athener Regierung mittlerweile auch Eingang in Brüssel. Die *Säule von Korinth* hat kreislaufregulierende Wirkung und dient dem raschen Wiedererstarken des Körpers mittels verjüngender Hormonaktivität. Wichtig für Praktizierende in Nordeuropa: Das multiple Anlehnen ist auch ohne antike Säule möglich! Bei Säulenmangel hilfreich sind eine Bürowand, ein Raumteiler, ein Geländer oder, falls die Übung im Sitzen ausgeführt wird, die Rückwand eines Sessels. Aufsehen erregte bei Wissenschaftlern kürzlich die Entdeckung der heilenden Mikroaktivität bei dieser Übung: Die Zellen beginnen zu vibrieren und senden positive Energien in das auratische Feld des Ätherkörpers. Übungsdauer: gewöhnlich bis zum Erwachen.

4. Poseidon

Wie der Name erwarten lässt, wird der *Poseidon* von alters her in einer Seidenhose ausgeführt. Atmungsaktive Kunstfasern werden von jüngeren *Sieben-Griechen*-Lehrern zwar erlaubt, stoßen bei Traditionalisten jedoch auf Skepsis. Ausprobieren! Zuerst Arme beschwingt in die Höhe heben. Dann das von Seide bedeckte Gesäß zunächst langsam, dann schneller hin und her schwingen, beide Backen einbeziehen. Das Fettgewebe nimmt von seinem eigenen Schwerpunkt aus die Bewegung auf und antwortet mit resonanten Interferenzen. Dadurch löst der *Poseidon* blitzschnell negative Gedankenmuster aus dem Mentalfeld und geleitet das Bewusstsein zu höheren Oktaven der Erkenntnis, bei fortdauernder Übung sogar zu göttlichen Zuständen des Seins. Meist ist anschließend eine gründliche Darmentleerung erforderlich. Dauer der Übung: nur bis dahin!

5. Oraekli

Die frühesten Abbildungen des *Oraekli* entdeckte man auf antiken Tonscherben in Delphi. Heute gilt als sicher, dass die Pythia, die delphische Orakelpriesterin, diesem Ritus huldigte. Er löst Verspannungen im Astralkörper, harmonisiert die Aurafelder auf Zellebene und führt so zu essentieller Verjüngung. Der oder das *Oraekli* kann im Stehen oder Sitzen ausgeübt werden. Die gedehnte Armhaltung leitet Gefühlsenergien in wichtige Zonen des physischen Körpers. Werden dabei noch die Füße gekreuzt, kommt es zu einer natürlichen Auffüllung der mikrophysiologischen Energiespeicher. Gefühle wie Wut, Trauer, Schuld und Neid lösen sich in wohlige Müdigkeit auf, Besetzungen und Blockaden verschwinden. Die Leistungsfähigkeit wird erhöht, zugleich die Motivation auf das Minimum reduziert. So können die heilenden Kräfte des Universums einfließen. Eine unerlässliche Übung für Wahrsager.

6. Dolmades

Dieser Ritus hat seinen Namen von einem rundlich gerollten, mit musigem Brei und verwesenden Innereien gefüllten Weinblatt (s. Abbildung). Betreiber deutsch-griechischer Restaurants bevorzugen den neumodischen Namen *Ouzofüssifus*. Er ist insofern treffend, als es darum geht, über den rundlich gefüllten Bauch die Fußspitzen zu erkennen. Nach neuesten Forschungsergebnissen Athener Neurophysiologen genügt allein dieser Blick, um die Verbindung von spiritueller Ebene und gegründeter Erdung herzustellen. Fortgeschrittene akzentuieren das Kronenchakra gern durch ein Glas Ouzo (vorher leeren, erst danach neu befüllen). Bei der Urform des *Dolmades* reicht es jedoch vollständig, zwischen Augen und Zehenspitzen eine Sichtachse zu schaffen, im Liegen, Stehen oder Sitzen, und sei es auch nur für eine Sekunde. Die Wirkung übertrifft diejenige eines dreiwöchigen Aufenthaltes in einem griechischen Wellness-Hotel.

7. Die Umarmung des Olymp

Dieser Ritus stellt so etwas wie die Krone der *Sieben Griechen* dar. Im Land selbst wird er häufig auf Konferenztischen ausgeführt und ersetzt meist die anberaumte Konferenz. Die symbolische *Umarmung* des Berges geschieht in Rückenlage, wobei die Arme den Olymp nicht real umarmen. Er ist zu groß. Die Arme bleiben in zeremonieller Demut und symbolisieren so das Verschmelzen von Wissenschaft und Spiritualität, von Weisheit und Liebe. Viele Griechen aktivieren dabei die Chakren ihrer Finger durch das Halten eines Weinglases oder einer Fernbedienung. Für Anfänger ist das unnötig. Gerade die Einfachheit dieser Übung ist das Faszinierende! Durch schlichtes Liegen auf dem Rücken ereignen sich ganz von selbst Aura-Clearing, Mentalheilung und Karma-Auflösung. Oft gleitet der Zustand unmerklich über in *Megakoma*, den heilsamen Schlaf der Götter, mit der Folge einer günstigen, also vollständig fremdfinanzierten Wiedergeburt.